KB272596

가죽 공예를 예술로 답해라

이장노

약력

현) 가죽공예 디딤손 대표

전) 안산 평생학습관 강사

현) 안산 문화예술과 강사

현) 안산 예총 문화예술 아카데미 강사

현) 해양동 행정복지 아카데미 강사

전시목록

일반갤러리 연합전 15회

일반갤러리 개인전 10회

안산예술의전당 세계최초 가죽공예미술전

인사동 은갤러리 2회 전시

인사동 동덕갤러리 1회 전시

미국 뉴욕 첼시미술관 2026년 5월 전시확정

저서

『누구나 가죽공예 예술가가 될 수 있다』, 2024, 좋은땅

『이장노 가죽공예 작품집』, 2025, 좋은땅

가죽 공예를 예술로 답해라 가죽 공예 교재분

이장노 지음

좋은땅

이 책은 가죽 공예의 기술 부분과 제품에서 작품으로, 작품에서 예술로 가는 과정을 쓰고 싶었습니다. 가죽 공예에 예술적인 부분을 대입함으로써 명품으로 거듭나서 우리나라에서도 세계적인 기업이 탄생하길 간곡히 바라면서 좀 더 노력하는 가죽 공예가가 되고 싶습니다.

목차

작품 부분

기술 부분

1. 일자선 봉합

봉합실 양쪽에 바늘을 끼우고 가죽 일자선 펀치 한곳에 위아래로 봉합하는 것으로서 모든 가죽 공예에서 가장 많이 사용하는 방법이다. 가죽과 가죽을 이을 때 사용.

2. 가죽 단면 V선 봉합

가죽 단면을 봉합하는 기술로서 봉합실 양 끝에 바늘을 끼우고 가죽 단면에 5mm~7mm 폭으로 펀치하고 한 구멍씩 대각선으로 양 바늘로 이어지게 하는 봉합 방법.

3. 감아치기 봉합

가죽 단면에 폭을 5mm~7mm 정도 펀치 후 봉합실을 바늘 한곳에만 끼우고 한 구멍 건너 감아 넘기는 방법.

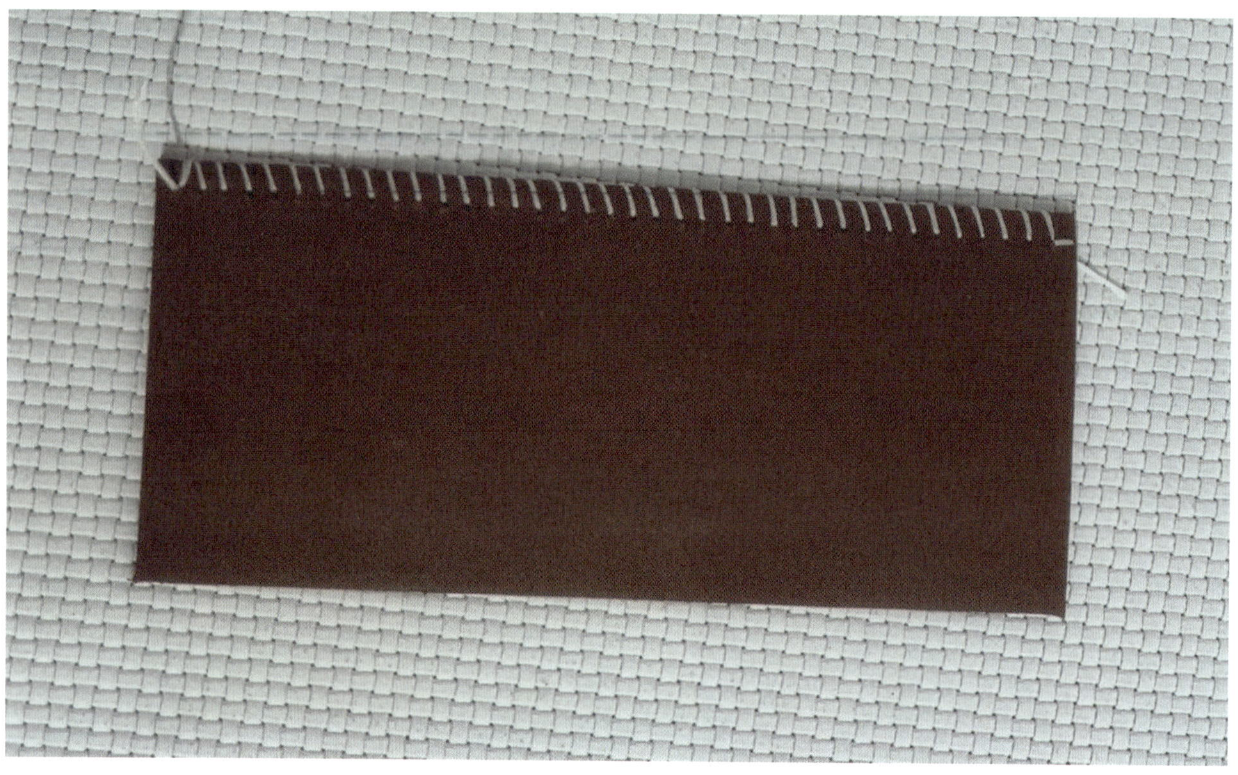

4. ㄷ자 봉합

가죽 단면에서 6mm~8mm 정도 간격 폭으로 펀치 후 봉합실 양쪽에 바늘을 끼우고 펀치구멍 하나 건
너에 단면 쪽으로 한 바퀴 감은 후 다른 바늘을 이어주는 방법.

5. X선 한 땀 건너 봉합

양쪽 펀치 선이 일정하도록 간격을 잘 맞추어 펀치하여 봉합실 양쪽으로 바늘을 끼운 후 양쪽 봉합바늘을 양쪽 위로 올라오게 한 후 바늘 하나는 대각선으로 끼우고 올라올 때는 반대쪽 한 땀 건너 위로 올라오게 하고 반대쪽 바늘도 똑같이 반복하여 준다. 이 방법은 끈 봉합과 미술화에 사용.

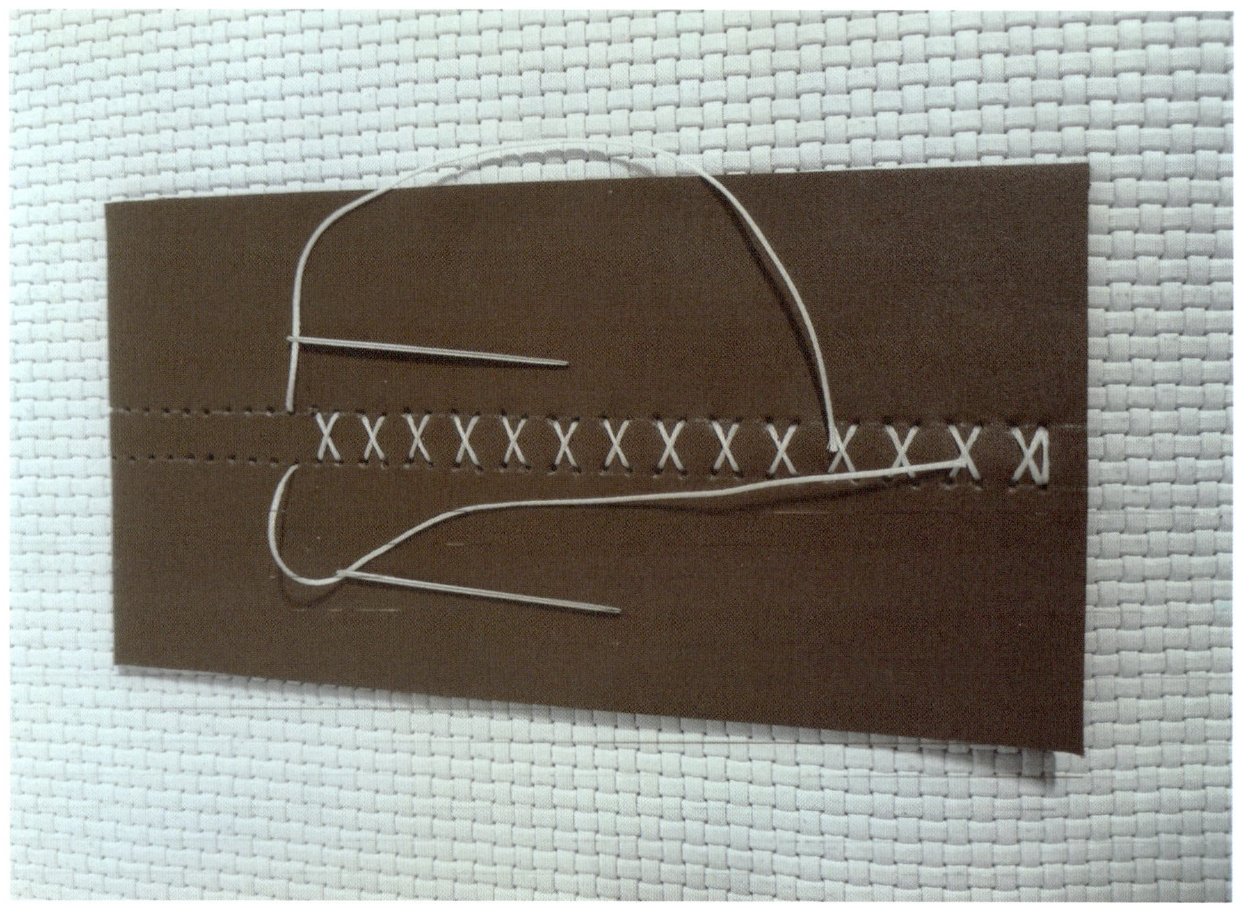

6. X선 이어지기 봉합

가죽의 간격과 양쪽 선이 일정하게 펀치하여 봉합실 양 끝에 바늘을 끼운 후 바늘을 양쪽 위로 올라오게 하고 대각선으로 내려온 후 반대쪽으로 올라오게 한다. 양 바늘 대각선 순서는 규칙적이고 일정해야 한다. 이 방법은 끈 작업과 예술용 사용.

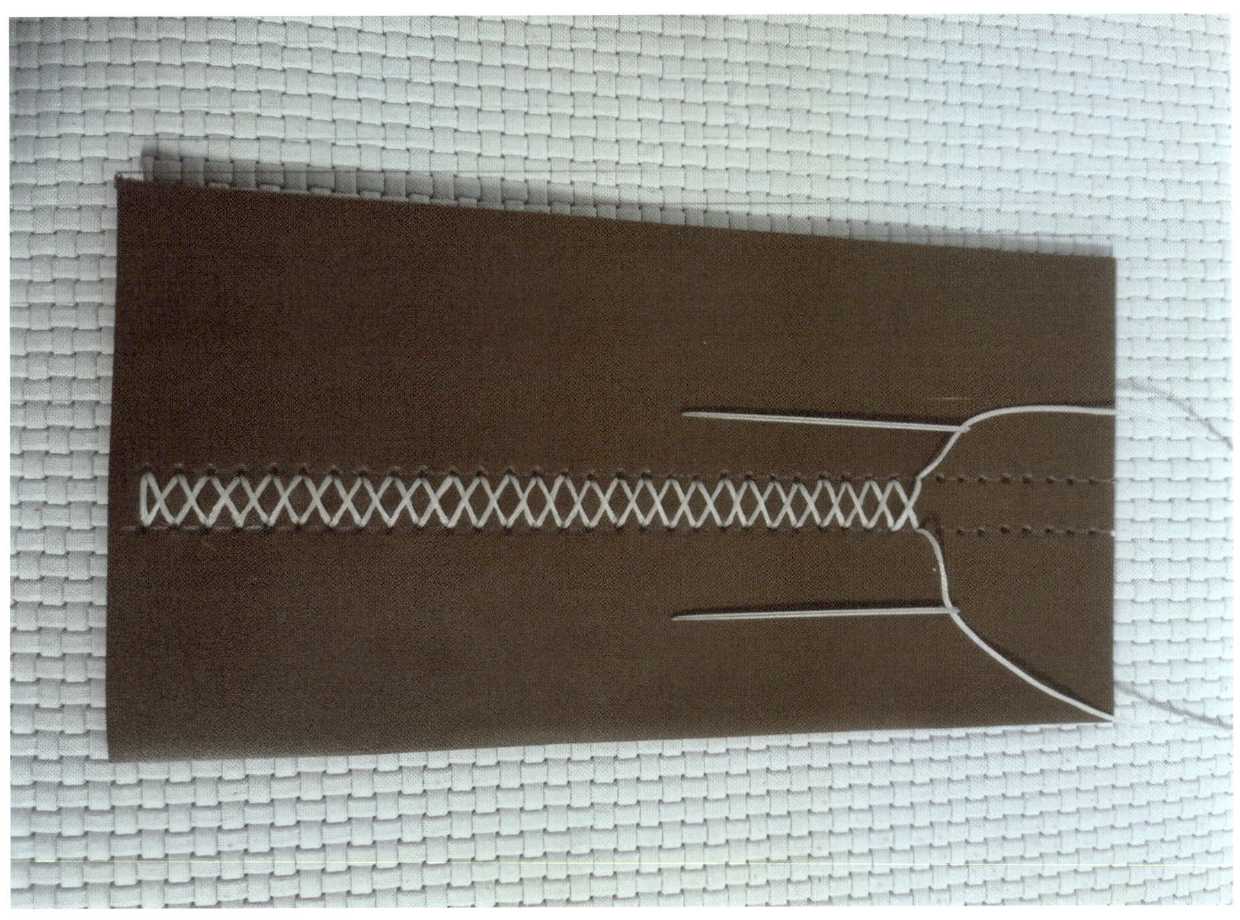

7. 두 줄 일자형 봉합

가죽의 두 줄을 일정한 간격으로 펀치한 후 봉합실 양쪽에 바늘을 끼우고 같은 선 펀치 쪽으로 넣은 후
가죽 속에선 대각선 반대쪽으로 나오게 하여 양 바늘을 반복하여 준다. 이 방법은 끈 작업과 가죽과 가
죽을 이어 주는 방법에 사용된다.

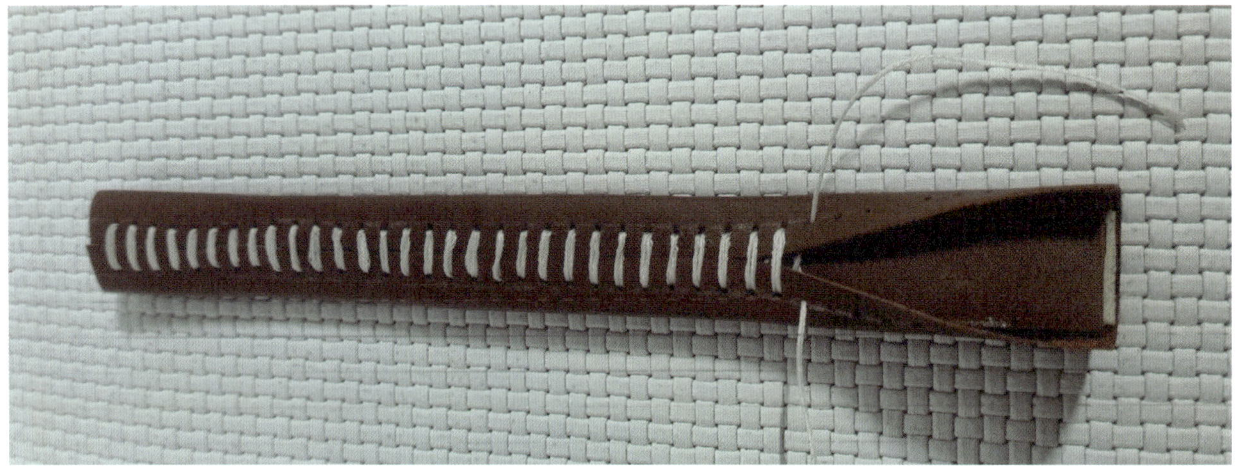

8. 맞접은 봉합

가죽과 가죽을 이어 주는 가죽 뒷면에 양쪽으로 좁게도 넓게도 접는 방법인데 봉합은 일자형이다.

9. 넘김이

넘김이 가죽 폭은 2cm 정도이며 때로는 넓게도 좁게도 한다. 가죽 단면 양쪽에 3mm 정도 선을 그어 펀치를 한다. 양쪽 단면에 펀치를 하는데 펀치 간격이 일정해야 한다. 주된 원판에는 보편적으로 5mm 폭으로 펀치하여 가죽 단면에 넘김이를 감싸며 일자 봉합을 하여 준다. 이 작업은 원판과 옆면을 연결해 주며 작품이 아름답다.

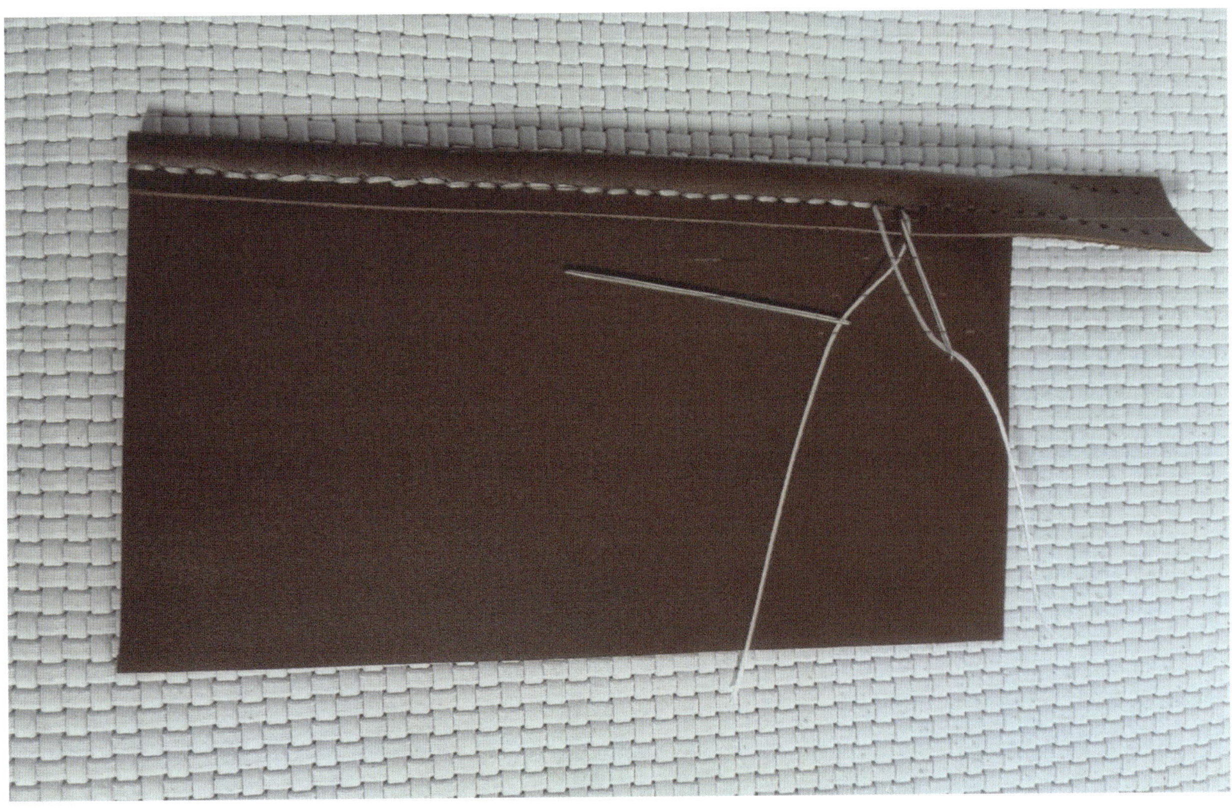

10. 접어 넘김이

접어 넘김이는 가죽 폭이 25mm~30mm이며 가죽 한쪽 단면에 5mm 폭으로 타공 펀치를 한다. 원판 단면에도 5mm 정도 펀치하고 넘김이 가죽을 뒷면이 나오게 하여 사진처럼 봉합하고 일정한 간격으로 접어서 넘겨 준다. 이 방법은 수작업으로 해야 하며 고급스럽다. 원판과 옆면을 이어주는 데 주로 사용하며 아름답다.

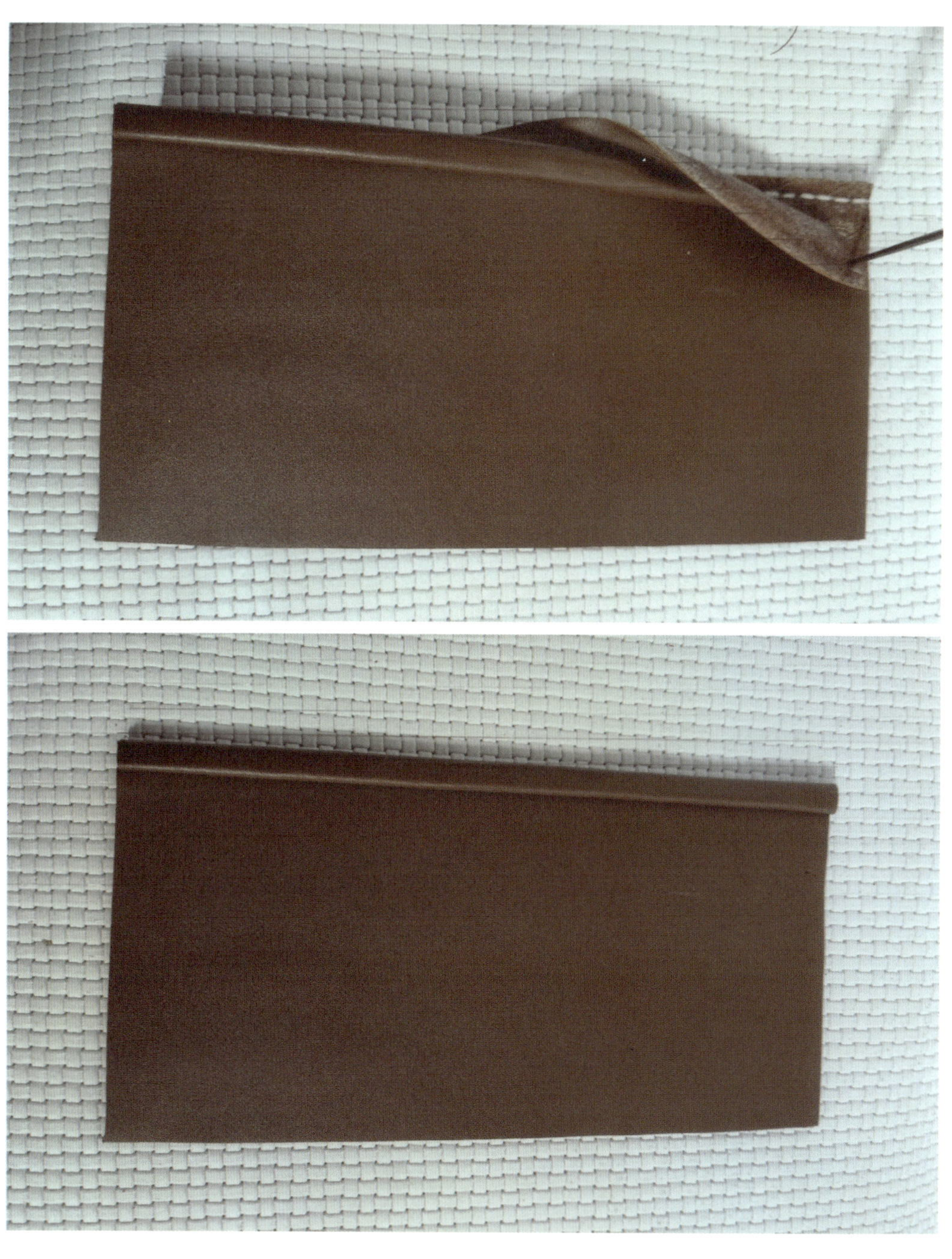

11. 주름 치맛살 모형

크기는 다양하게 하여도 되며 가죽 두께는 0.8mm가 적당하며 가로 15cm, 세로 8cm 정도라면 상당 부분 3cm 남겨 두고 폭 3mm~5mm 정도 간격으로 정하고 재단한다.

고리 끈은 기장 30cm 정도에 폭은 5~8mm 정도면 된다. 반으로 접은 뒤 치맛살처럼 재단한 것을 이쁘게 말아 주고 끝부분을 잘 고정한다.
모든 작품에 사용할 수 있다.

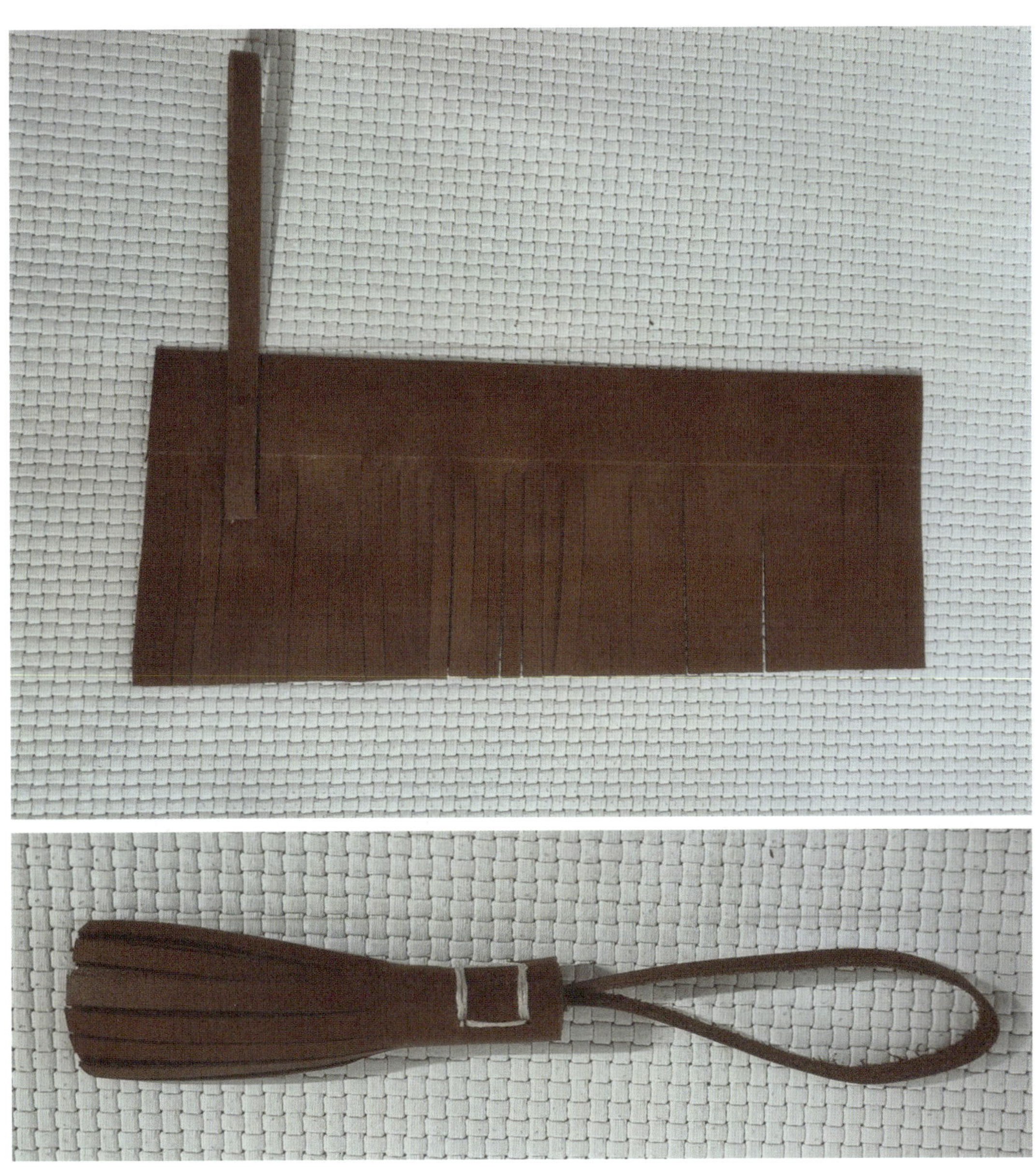

12. 장미 모형

직사각형으로 재단한 후 가로 두께는 0.8mm가 좋으며 가로 부분을 4등분 하여 은 펜으로 그은 후 중간 2등분만 3mm~5mm 정도로 위아래로 재단한다. 그다음 상하를 붙여준 후 끈 고리 30cm 정도 5mm 정도 만들어 양 끝을 붙여 준 후 상단에 고정하고 예쁘게 말아 주어 맨 끝은 고정해 준다.

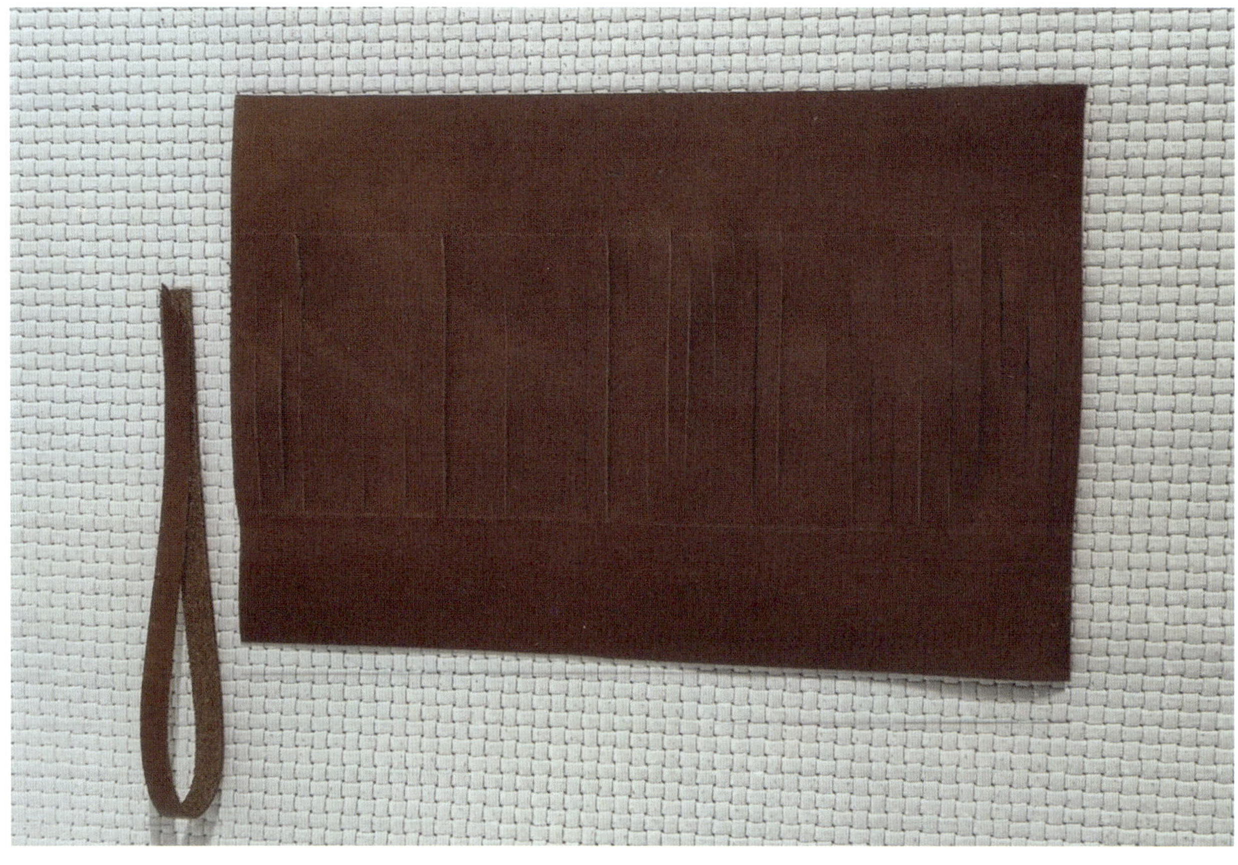

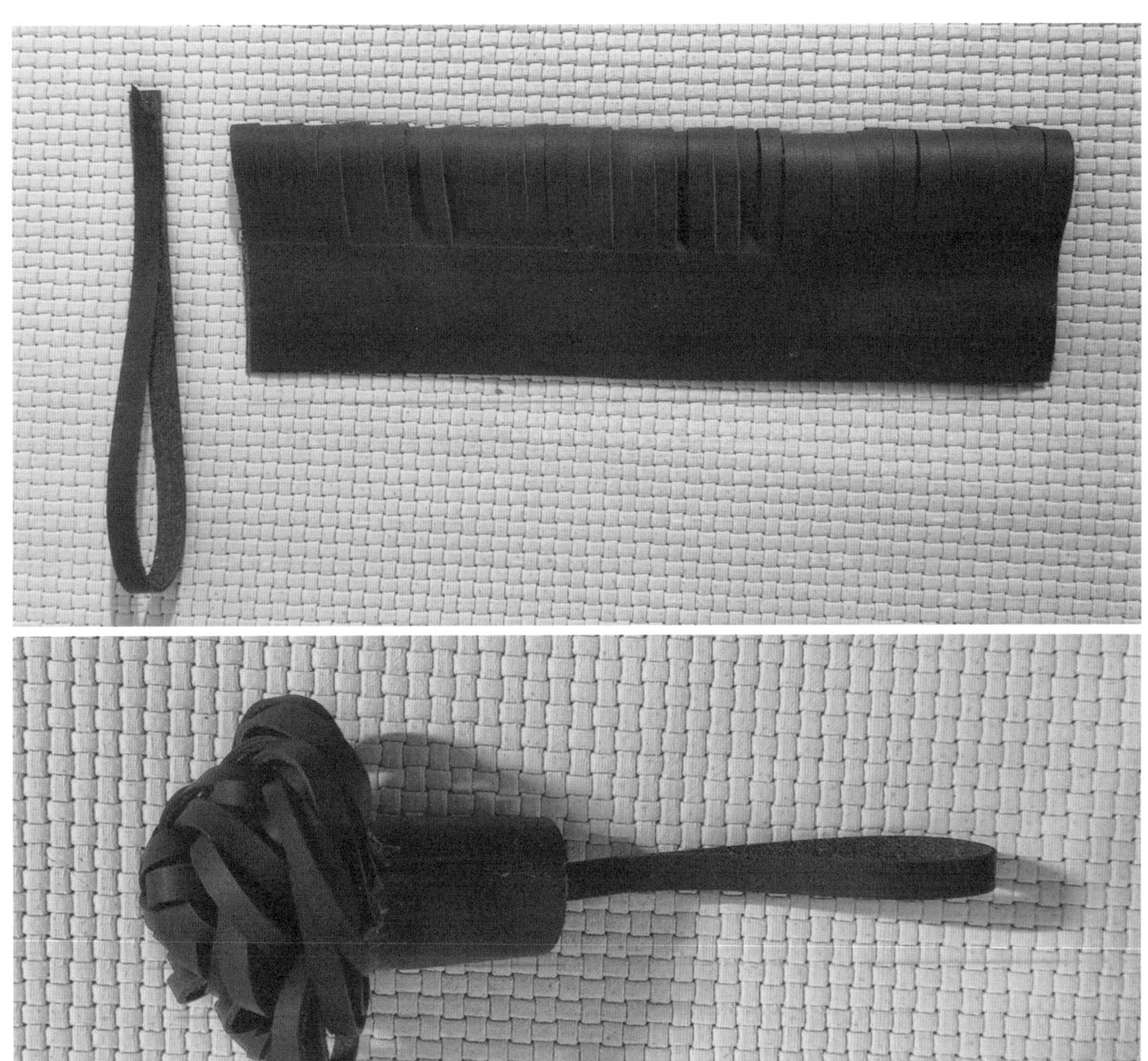

13. 삼단 끈 만들기

끈 넓이의 3배의 가죽을 재단하고 가죽 두께는 0.8mm~1mm 정도가 좋으며 가죽 폭의 ⅔를 접는다.
펀치 후 봉합하면 된다.

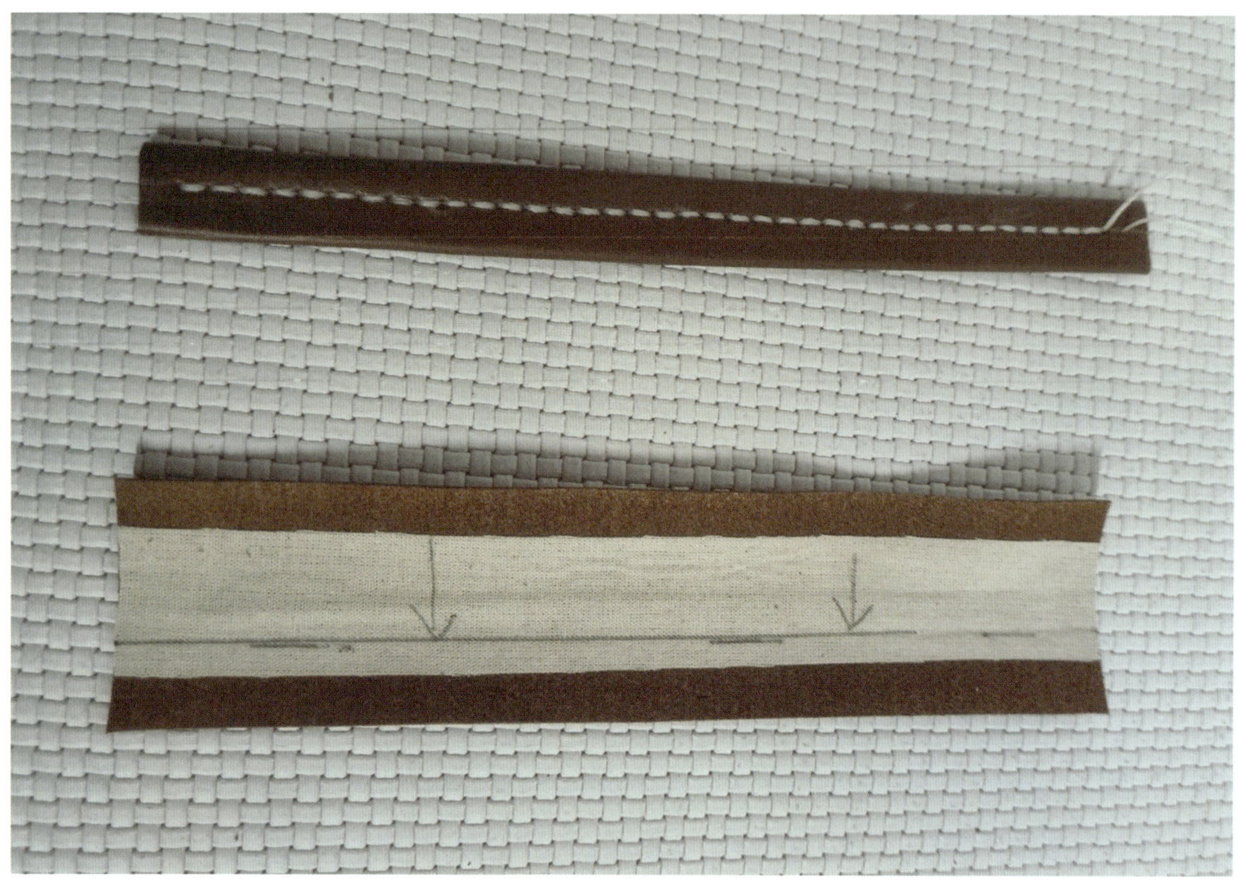

14. X선 끈 만들기

끈을 만들 넓이를 선정하고 가죽은 끈을 만들 넓이의 2배의 가죽 넓이를 재단한다. 가죽 두께는 1.0mm면 되며 펀치는 단면에서 5mm 정도 간격을 두고 펀치하고 중심엔 끈 넓이만큼의 가죽을 재단하여 붙여 주고 기술 부분 5번이나 6번에 X선 봉합하면 된다. 둥근 끈의 경우는 끈의 지름×3.14를 하고 끈 펀치 간격 양 단면 5mm씩 추가하여 가죽 넓이를 선정하고 끈을 중심에 붙여 주고 기술 부분 5번이나 6번의 X선 봉합 선택하여 봉합하면 된다.

15. 둥근 끈 만들기

둥근 끈의 가죽을 감쌀 넓이는 둥근 끈의 지름 ×3.14cm를 곱하면 넓이가 나오며, 펀치의 여유 가죽 넓이 5mm×2=10mm를 추가하면 된다. 가죽 넓이만큼 보강천을 부착하고 펀치 후 둥근 끈을 감싸 봉합한다.

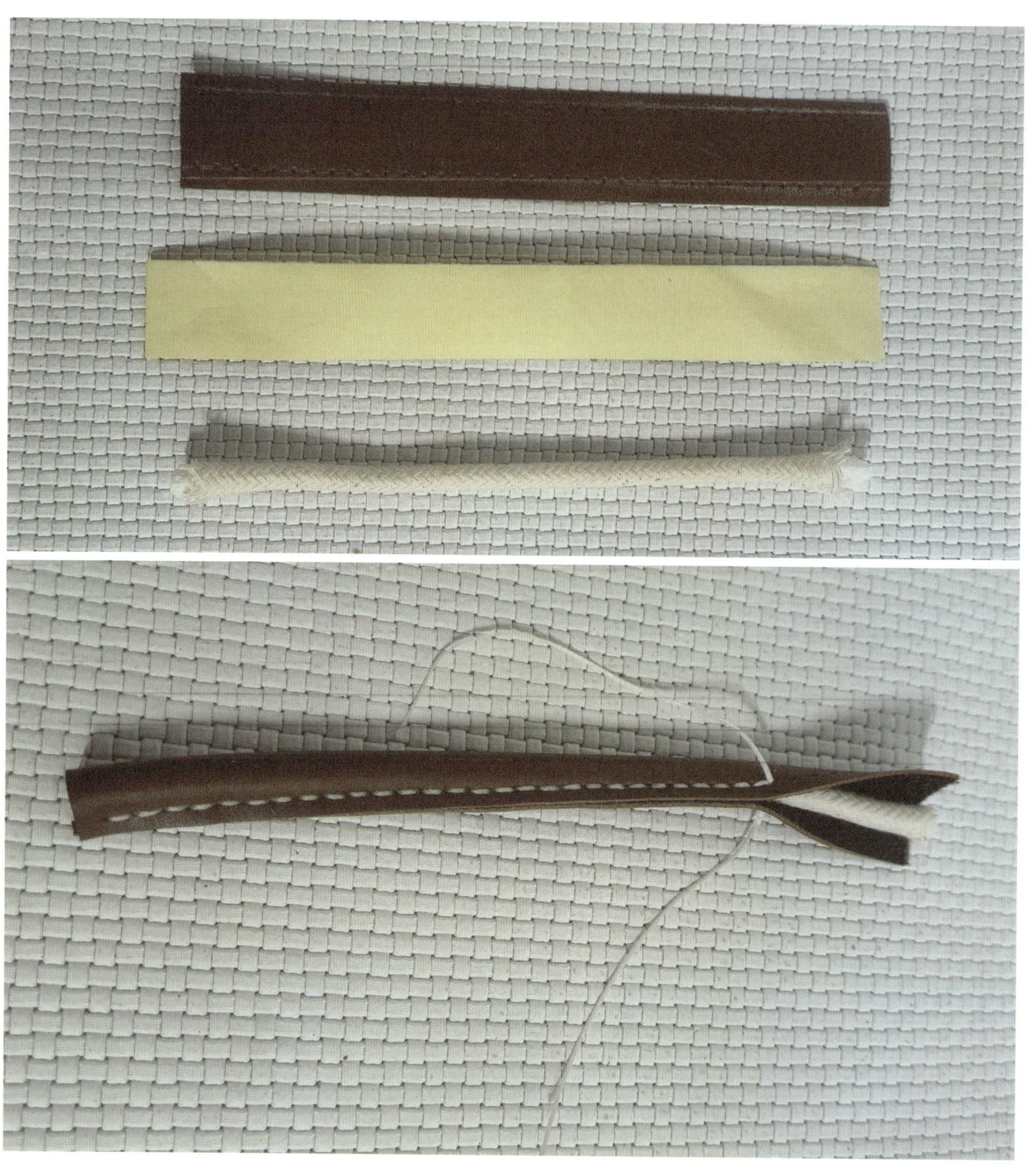

16. 두 줄 봉합 끈 만들기

가죽은 끈 넓이 2배의 넓이와 보강천과 끈 넓이만큼 라텍스 스펀지 부착 후 가죽을 맞접음 한다. 그다음 끈 넓이만큼의 가죽을 0.6mm~0.8mm 정도의 가죽 두께로 부착한다. 단면에서 3mm~5mm 폭을 두고 펀치 후 일자 봉합하거나 기술 부분 5번이나 6번의 X선 봉합하면 된다.

17. X선 한줄 선잡이끈 만들기

끈 넓이가 2cm라면 가죽 넓이는 라텍스 스펀지 두께를 감안하여 5cm 정도이며 가죽에 보강천 부착 후 라텍스 펀치는 가죽 단면에서 5mm 폭을 두고 펀치를 양쪽으로 일정하게 한다. 그 후 기술 부분 5번이나 6번의 또는 7번을 봉합하여도 된다.

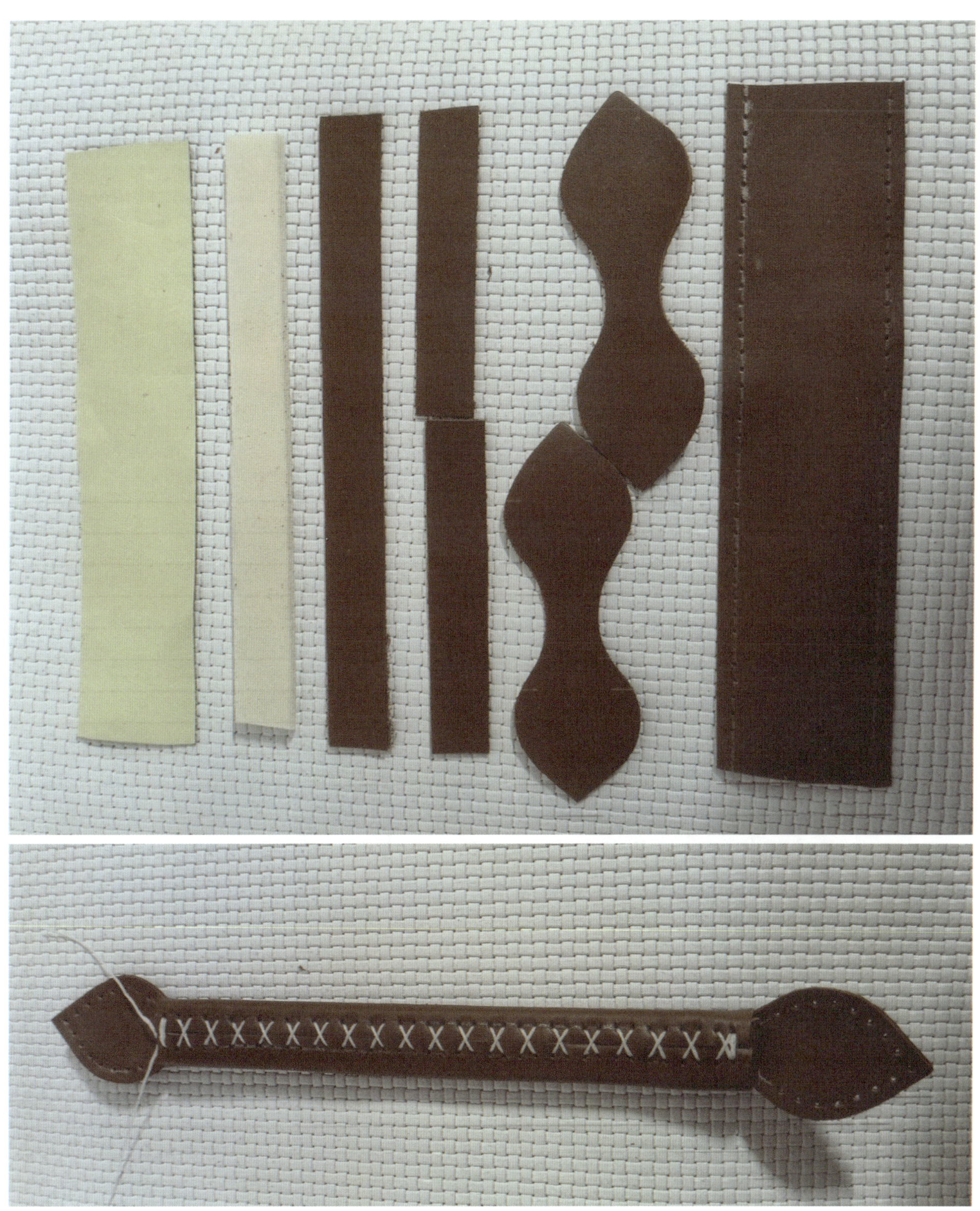

18. 기본 끈 고리 만들기

작품 원판에 부착할 끈 고리 가죽에 보강제 부착 후 라텍스 스펀지 부착 접착제 칠을 한다. 그 후 장식을 끼우고 맞붙인다. 단면 쪽으로 3mm 폭을 두고 펀치하고 맨 윗부분은 두 번 봉합하여 고정하는 것이 좋다.

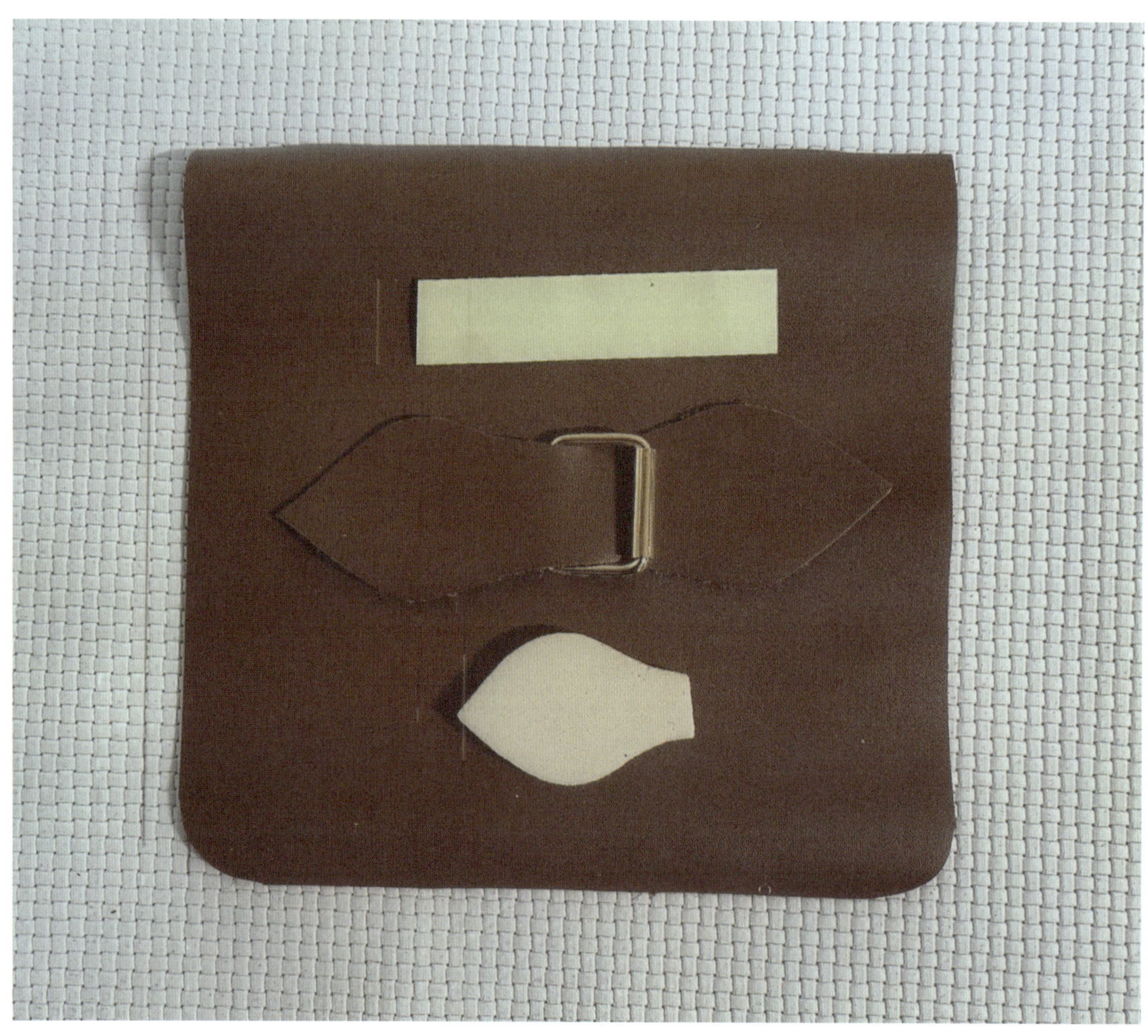

19. 이중 끈 고리 만들기

장식넓이만큼의 끈 고리 가죽을 준비하고 가죽 넓이보다 전체 5mm 정도 넓은 가죽을 준비해 둔다. 끈 고리 가죽 두께는 1.0mm가 좋으며 끈 고리 가죽에 보강천을 부착하고 장식을 끼우고 라텍스 스펀지를 부착한 다음 접착제 칠하여 부착한다. 그 후 5mm 넓은 가죽에 붙여서 3mm 간격으로 펀치 후 봉합한다. 그다음에 원판에 부착 후 밑부분 넓은 가죽 면에 5mm 넓이를 두고 펀치 후 봉합하여 준다.

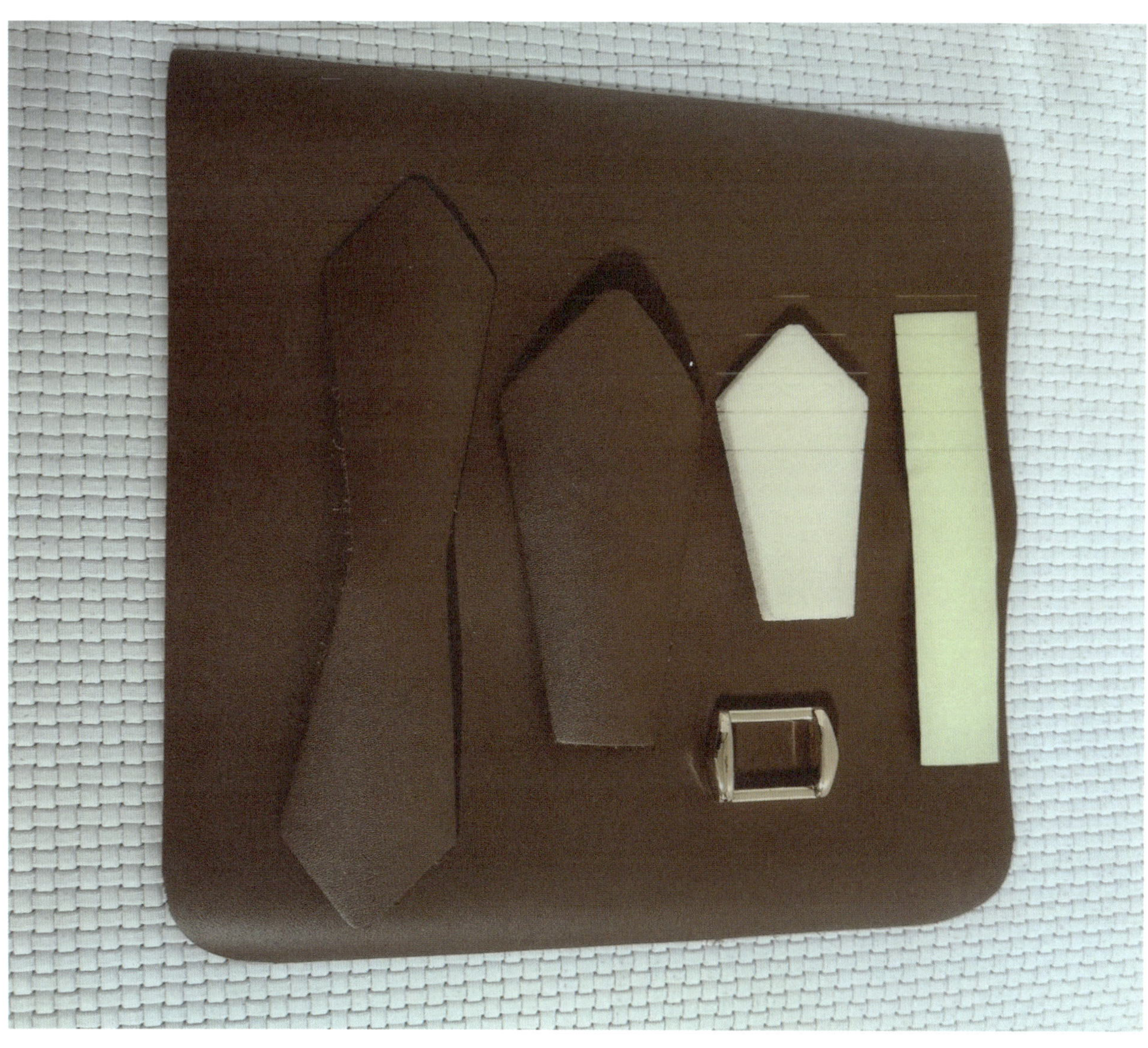

20. 원판 이은 끈 만들기

원판에 끈 모양 재단을 하고 끈 가죽은 끈 모양보다 전체 10mm 정도는 넓게 재단한다. 가죽 두께는 0.8mm 정도가 좋으며 끈 모양의 라텍스 스펀지를 붙여 놓은 뒤 보강천으로 넓게 붙여 준다. 그리고, 펀치 후 봉합으로 마무리하면 된다.

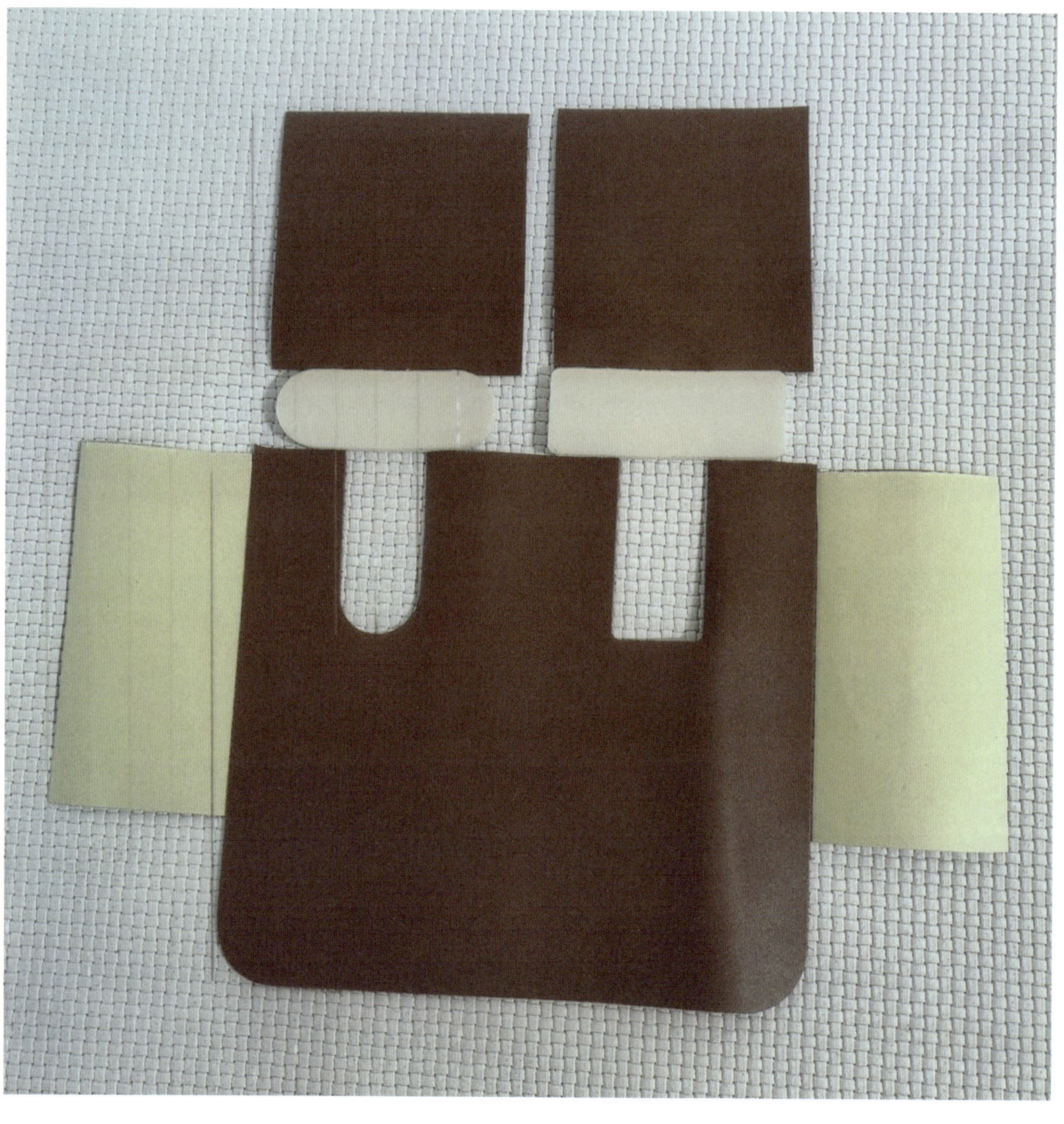

21. 자신의 상표 만들기(이니셜)

자신의 한글이나 영문 하나를 선택하여 가죽에 선을 그은 후 가죽 뒷면에 라텍스 스펀지를 붙이고 보강천을 부착하여 준다. 표어 선을 따라 펀치 후 뒤돌려치기 봉합하면 된다. 사진 속에처럼 1번으로 나와서 2번의 뒤로 간 후 3번으로 나와서 다시 1번으로 들어가는 것을 반복하여 뒤돌려치기 하면 된다. 자신들의 표어가 아름답다.

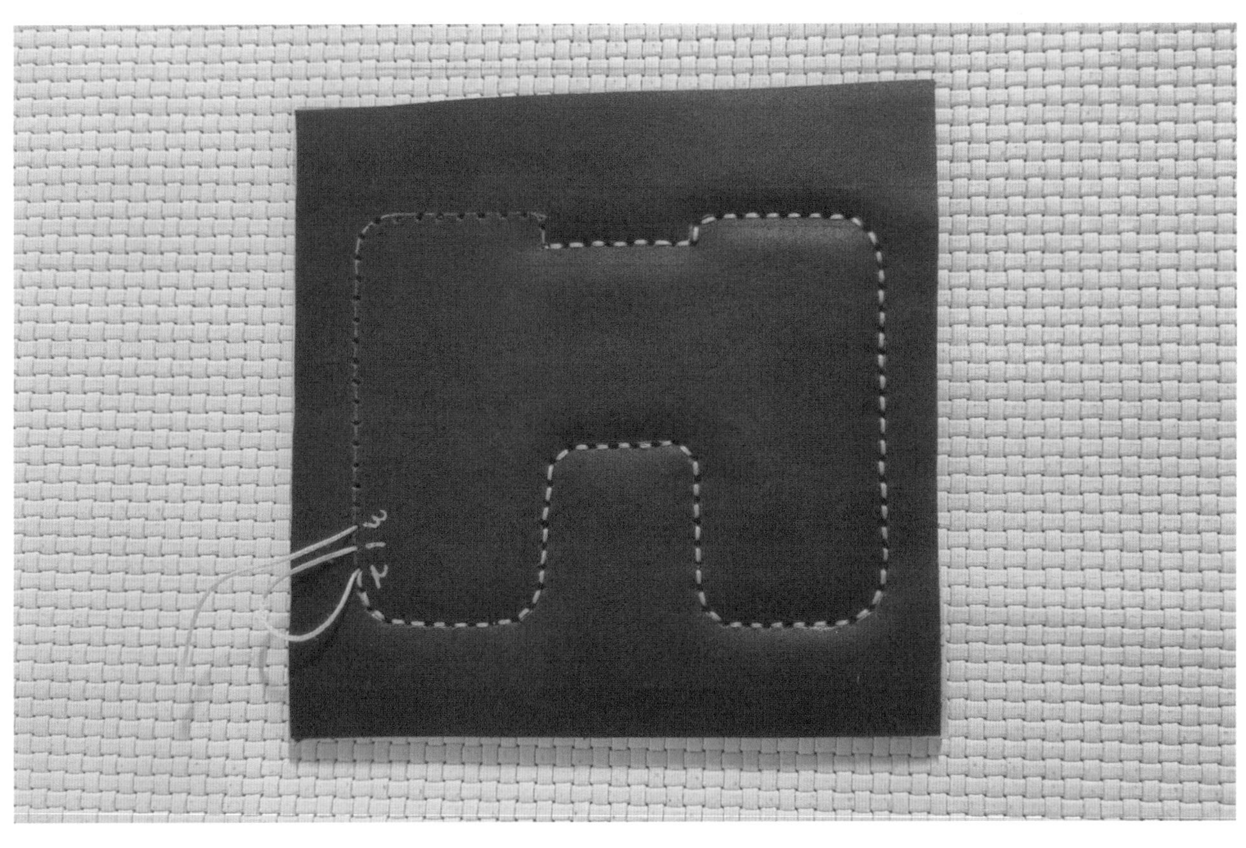

22. 접접이 방법

연결해 주는 가죽 넓이를 정하고 펀치 봉합할 간격을 추가하여 재단한다. 봉합할 부분의 가죽 두께는 0.5mm~7mm 정도가 좋으며 펀치 선이 일정하게 하고 봉합 후 접어 붙일 때 정확한 간격을 유지해야 한다. 접은 부분에 봉합선이 보이지 않게 해야 한다.

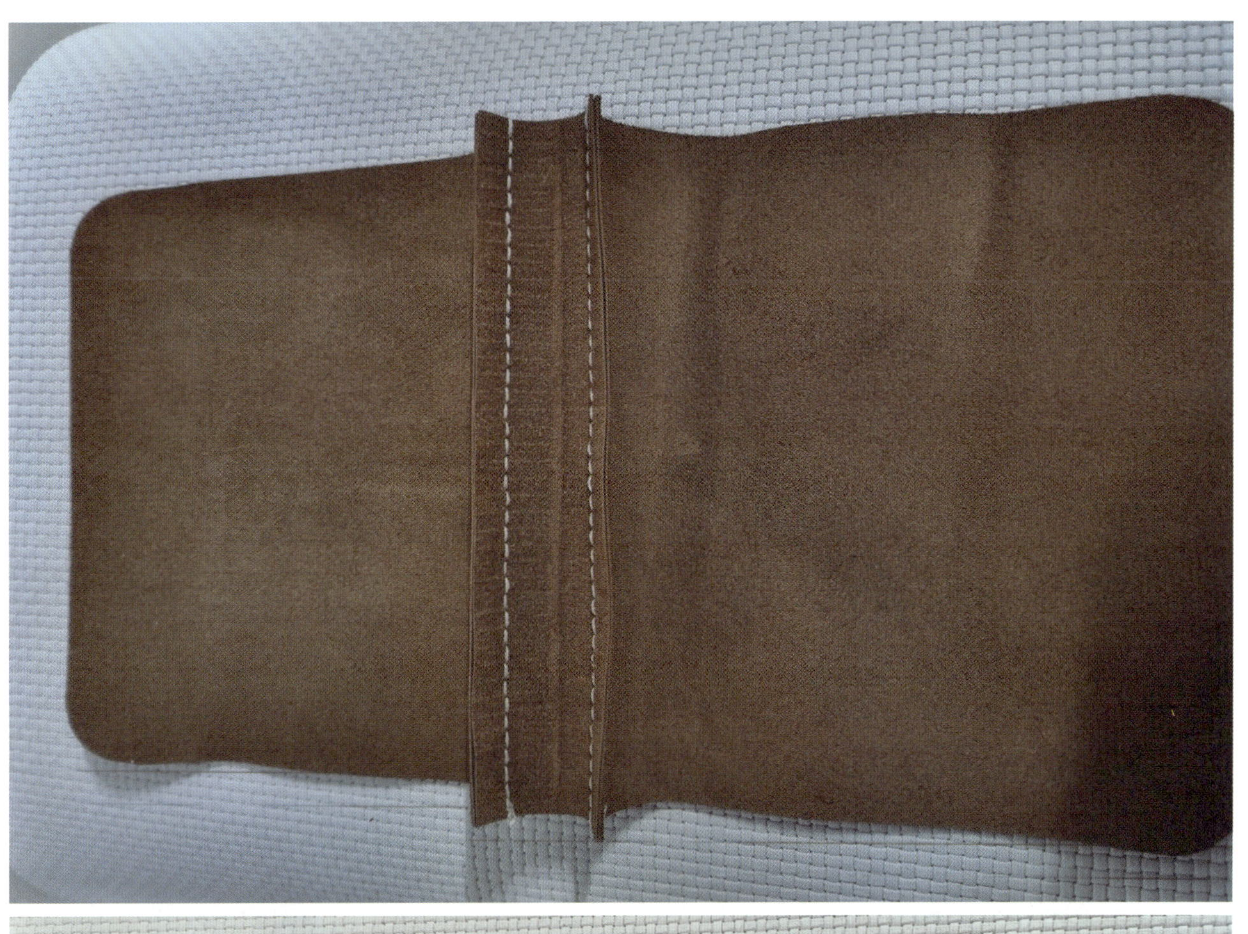

23. 내피 지퍼 만들기

내피에 지퍼 기장만큼 폭 12mm 정도 직사각으로 재단하고 가죽의 지퍼 기장과 폭은 3cm 정도로 하여 2개를 넘김이 재단한다. 가죽 두께는 0.6mm~0.8mm 정도가 좋으며 재단한 홈 단면에 7mm 정도 선을 그어 접착제 칠 후 넘김이를 한다. 지퍼 기장은 재단한 홈보다 양쪽에 2cm 정도 길게 자른 지퍼를 홈에 부착하여 넘김이 아랫부분에 내피천을 붙인다.

넘김이 단면선에 폭 3mm 정도 선을 긋고 펀치하여 봉합한다. 밑선 내피천을 지퍼 윗부분에 붙이고 윗부분 넘김이 단면선에 3mm 정도 선을 긋고 펀치 후 봉합한다.

옆선 내피천 양쪽을 봉합하여 주면 된다.

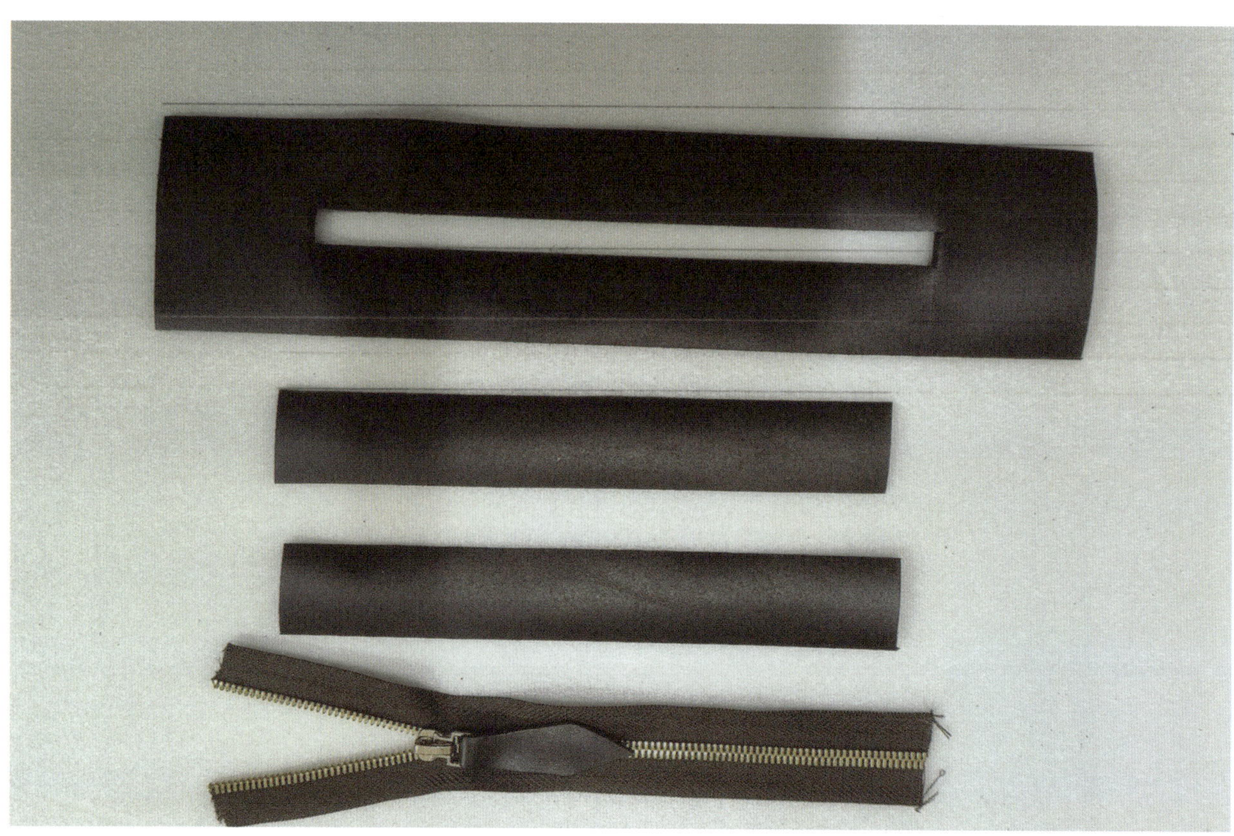

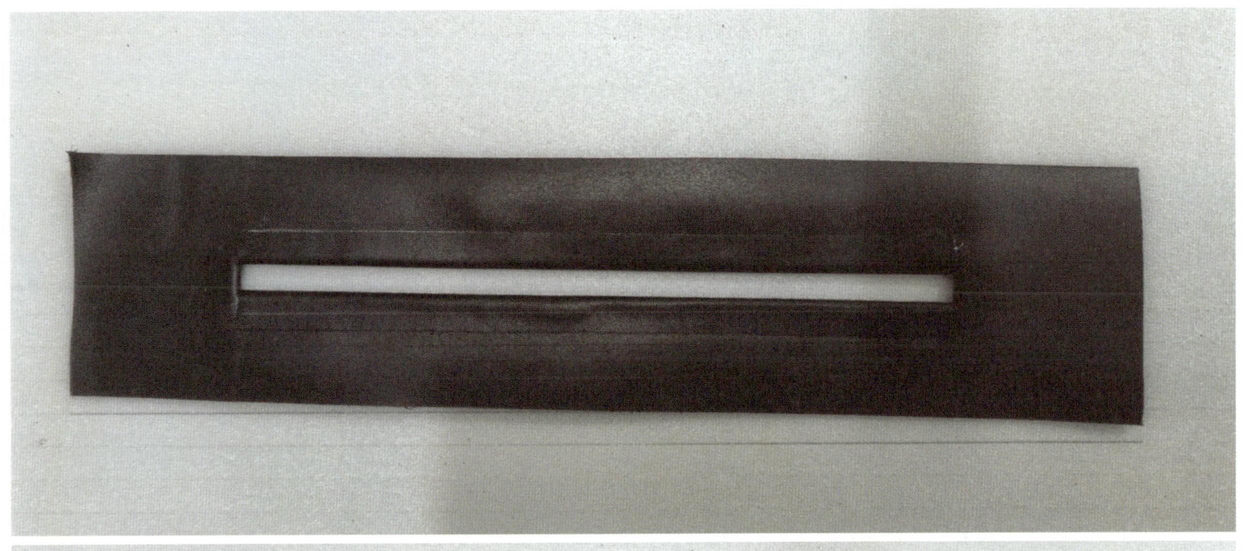

24. 이음 사이 볼록형

접접이형의 중간 사이에 라텍스 스펀지를 넣어서 이음 사이가 볼록 올라오는 형태로서 작품이 아름답다.

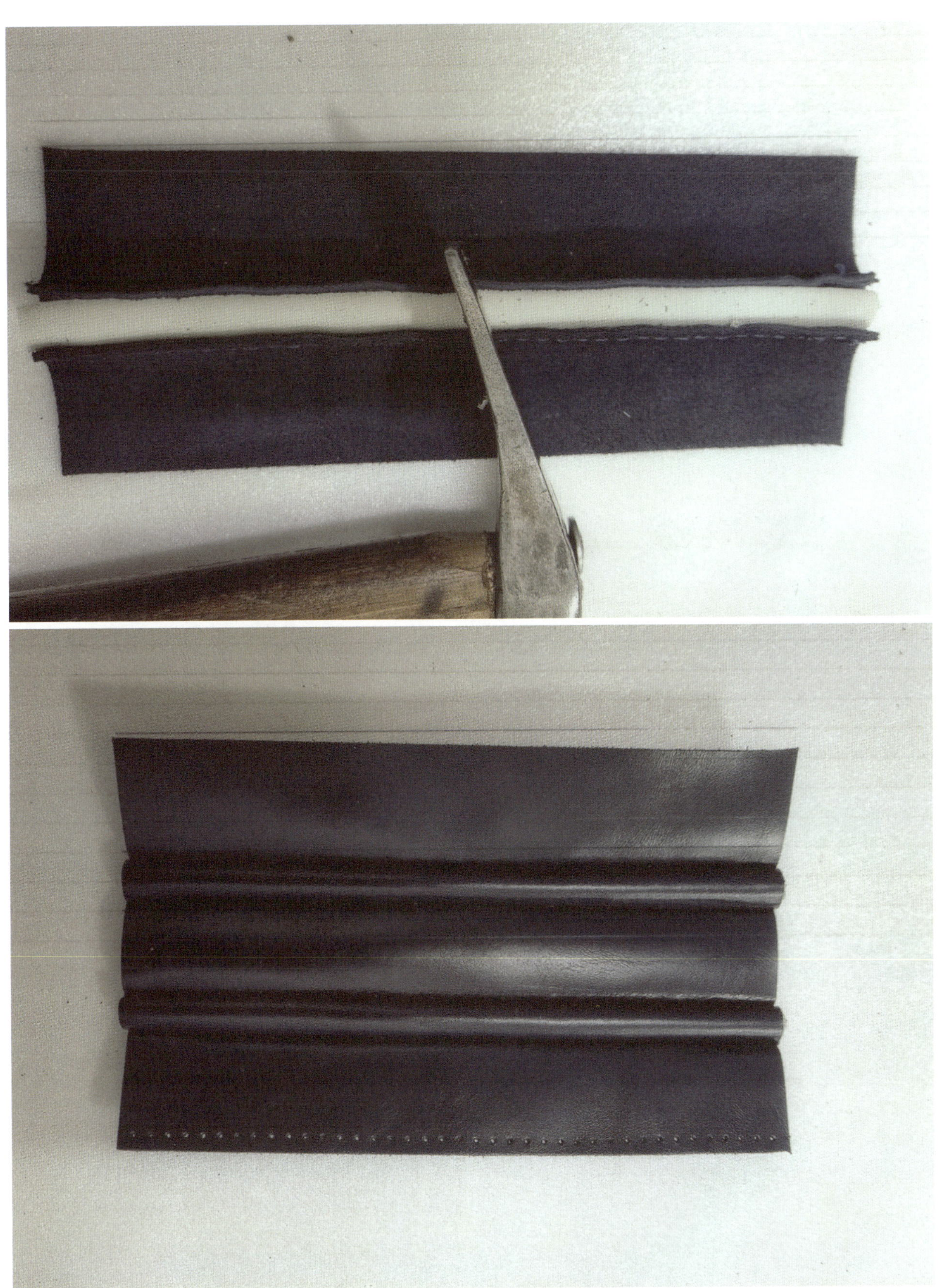

25. 좁게 가죽 재단하여 엮어 만들기

가죽 넓이와 기장을 정한 다음 좁게 재단한 가죽을 원하는 크기만큼 나열하고 재단한 가죽을 하나씩 가죽 뒷면으로 내려갔다가 위로 올라오게 하여 전통 가마니 짜듯이 간격이 일정하고 정교하게 맞추면서 작업한다.

끝맺음한 다음에는 꼭 보강천으로 가죽 뒷면에 붙여야 한다. 움직이지 않게….

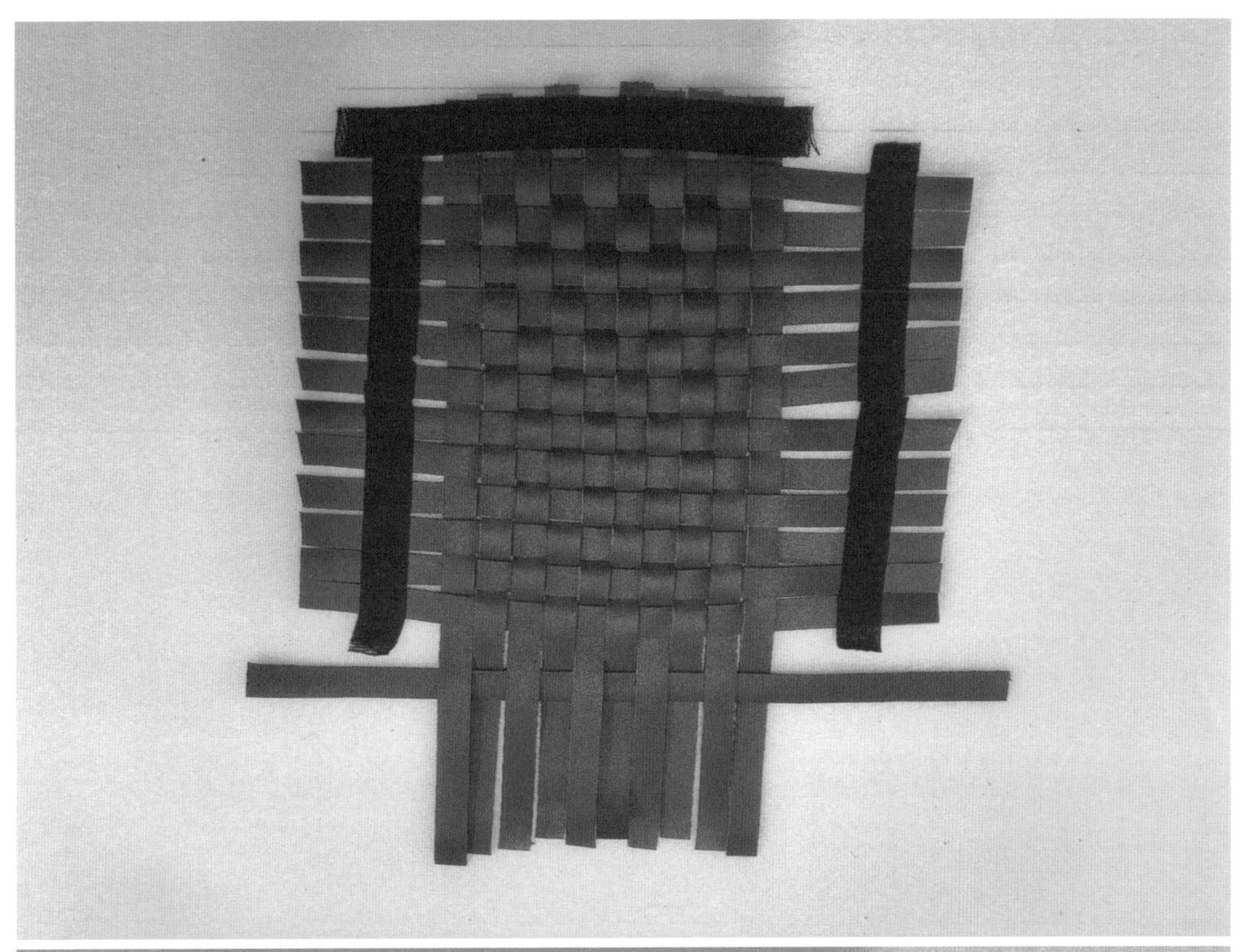

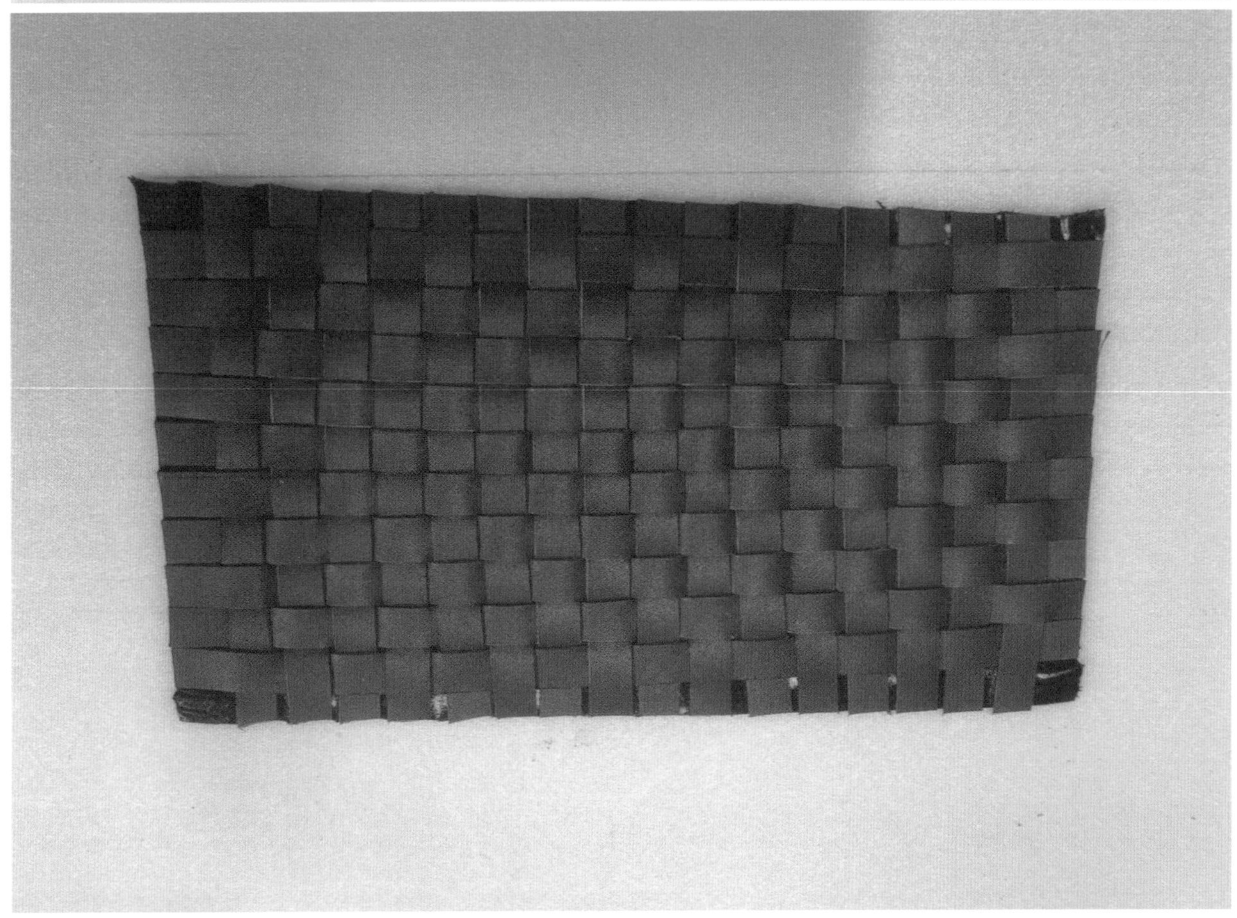

26. 가죽 전면 일자 펀치하여 가죽끈 끼우기

가죽끈 넓이가 10mm라면 일자 펀치는 12mm 정도로 해야 한다.

가로세로 바둑판처럼 은 펜으로 작성하고 유의할 점은 가죽끈 두께가 0.8mm 정도가 적당하며 선의 숫자는 가죽 뒷면에서 올라와 마지막은 가죽 뒷면으로 내려가야 한다. 일자 펀치를 한 다음 좁은 가죽은 앞 끝부분에 대각선으로 자르고 좁은 한 개짜리 펀치로 구멍을 낸 후 봉합실을 바늘에 연결한다. 일자 펀치한 곳에 오르고 내림으로 가죽끈을 1차로 연결하고 2차 연결은 가죽끈 공간에 가죽끈을 연결하여 일자로 쭉 당기면 된다. 3차 연결도 마찬가지며 2차 3차는 시작과 끝을 접착제로 잘 마무리하여 주면 된다.

뒷면은 보강천으로 마무리한다.

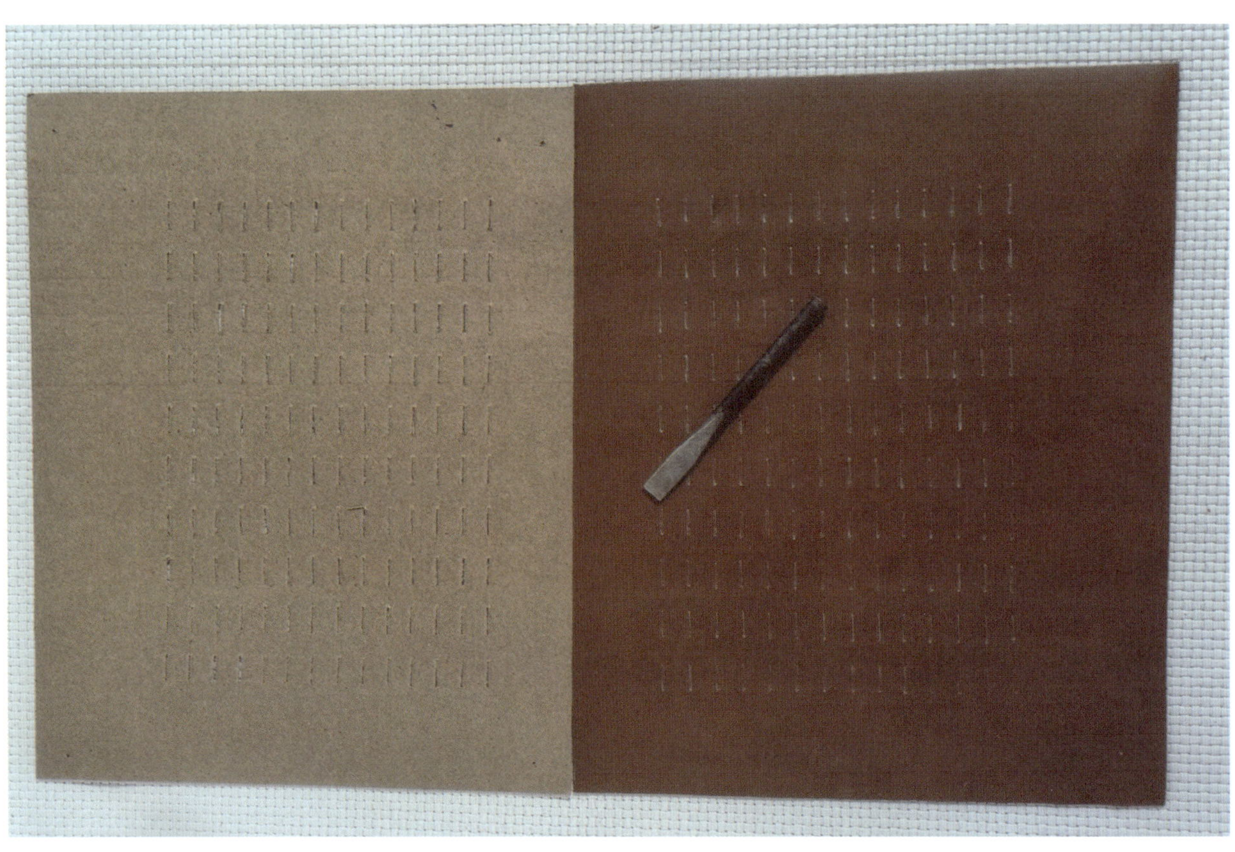

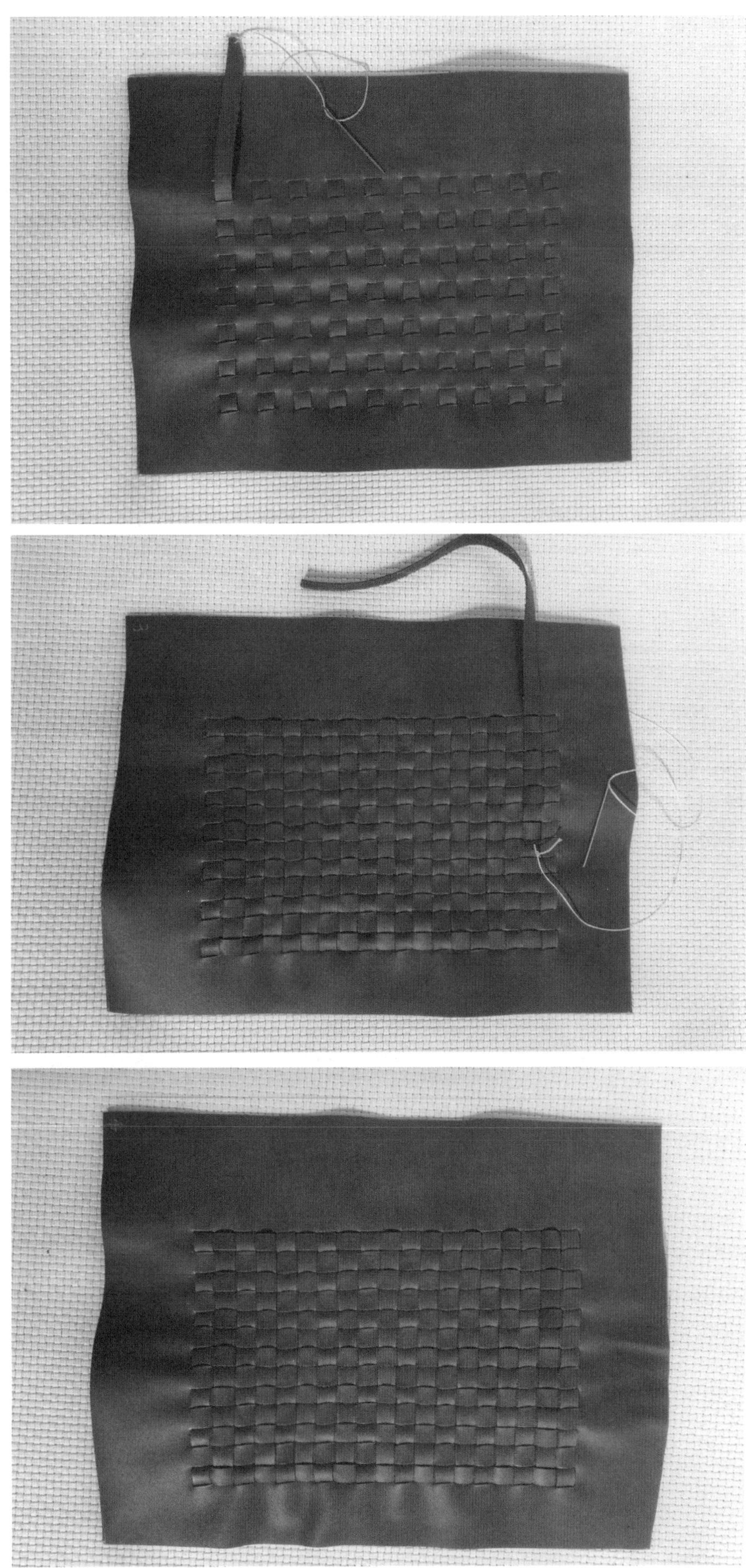

27. 가죽 표면을 두 가지 색상이나 문양으로 표현한 방법

가죽이 두 가지 색상이 나오는 가죽을 구매해야 하며 각종 문양 도구를 사용해도 되고 화공약품을 이용하여 흩뿌리듯이 하거나 목장갑이나 면천에 묻혀서 강약 조절이나 추상적인 현상으로 표현해도 된다. 가죽 공예가 예술적으로 표현된 작품.

화공약품은 구두 용품 자제 영업하는 곳에 가면 구매할 수 있다.

작업 시는 통풍환기, 비닐장갑, 마스크를 꼭 지참하고 작업해야 한다.

28. 다양한 봉합으로 표현하기

가죽 면에 봉합 종류와 가죽의 조합으로 예술적인 표현을 담아 작품을 마무리해야 한다.

각자 다양하게 연구해 볼 필요가 있으며, 전통 가죽 봉합 초실로 사용하기를 권한다.

29. 기본이 되는 본을 만드는 방법

ㄱ. 가로세로 크기를 정한다.

ㄴ. 옆면 폭 넓이를 정한다.

ㄷ. 각각 중앙선을 정하고 접음질 10mm를 추가하여 단면일 경우 제외한다.

ㄹ. A선 중심선과 B선 중심선에 펀치 구멍 순서를 정확히 맞추어 본의 크기를 정해야 한다.

ㅁ. 끈의 각자 넓이와 길이는 자유자재로 하면 된다.

ㅂ. 상단 부분은 접음질 하거나 단면 처리하여 내피 부착 후 자석 뚝딱이나 지퍼 작업을 하면 된다.

30. 핸드백 기본 본 만드는 방법

오각형 본을 만들어 보자.

ㄱ. 오각형 크기를 정한 후 옆면 폭 넓이를 정해야 하며, 중간 폭과 비례하여 정면이 되는 A선과 중간 폭과 B선을 합한 원판 본을 제작한다.

ㄴ. 옆면은 B선과 C선이 합한 길이가 되며 폭은 중간 폭이면 된다.

ㄷ. A선 본과 B선 본은 중앙선 기점으로 대칭이 되는 본이 되어야 한다.

ㄹ. 끈은 중간 폭에 해야 하며 옆면 C선 접음선 아래에 끈고리를 하면 된다.

ㅁ. 모형을 바꾸면서 연습이 필요하며 좀 더 나아가 기술 부분을 대입하여 본을 자주 만들어 봐야 한다. 많은 시간과 연습이 필요하다.

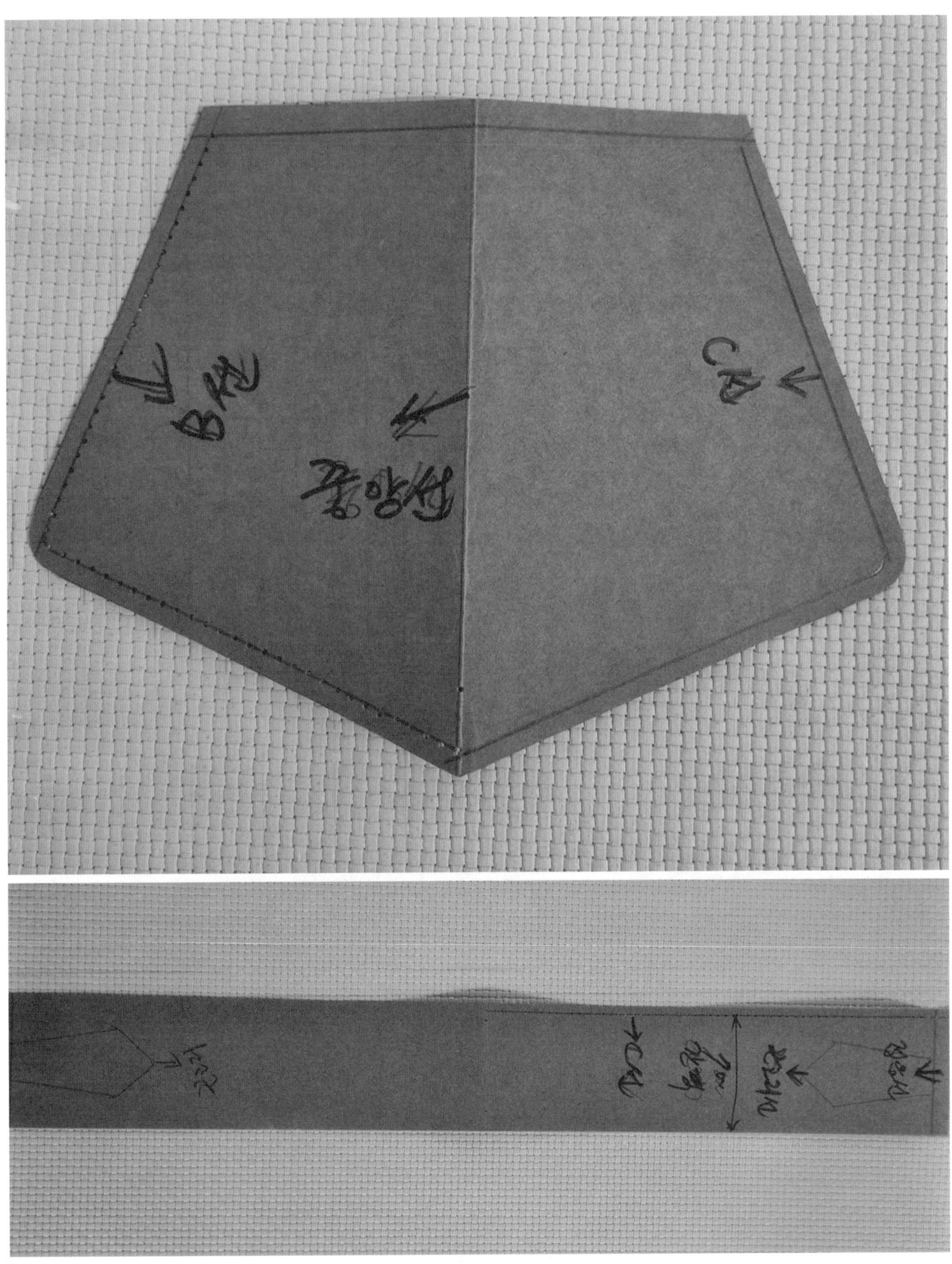

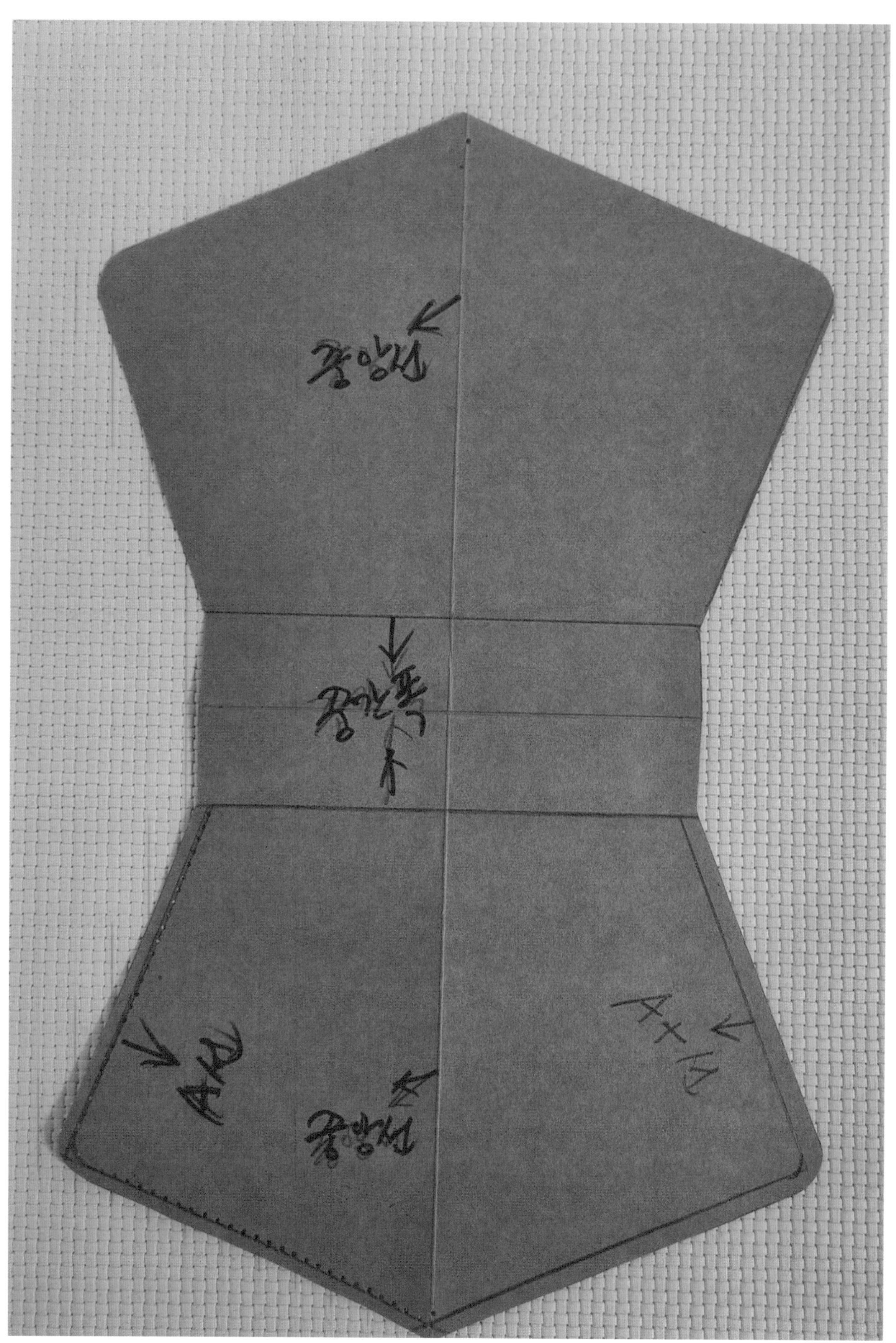
중앙선
중간폭
A선
A+B
중앙선

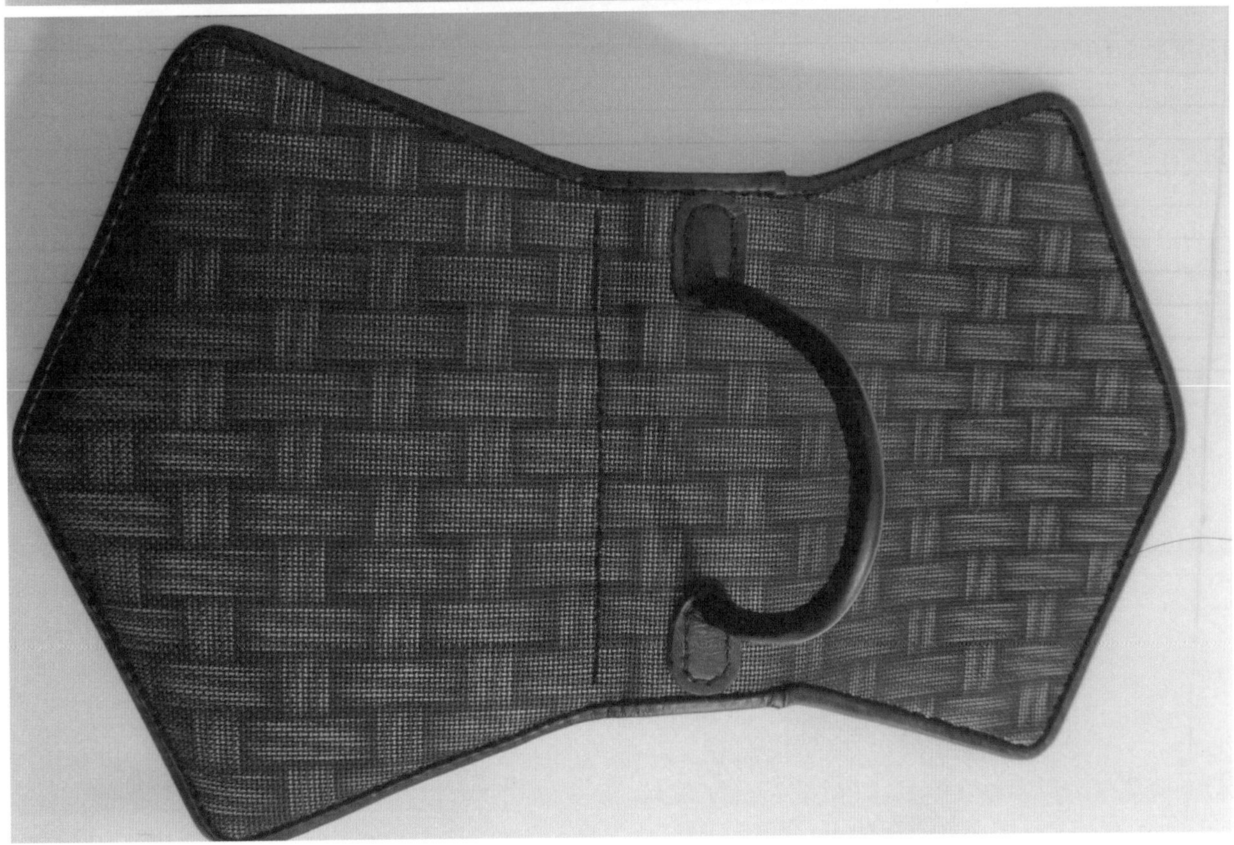

31. 가죽 공예 예술화란

ㄱ. 가죽과 가죽의 연결과 각종 봉합과 문양의 조합으로 예술적으로 표현.

ㄴ. 가죽의 두 가지 이상의 색상을 미술화로 표현하는 방법.

ㄷ. 가죽의 조합으로 표현하는 방법.

ㄹ. 가죽의 볼륨으로 다양하게 표현하는 방법.

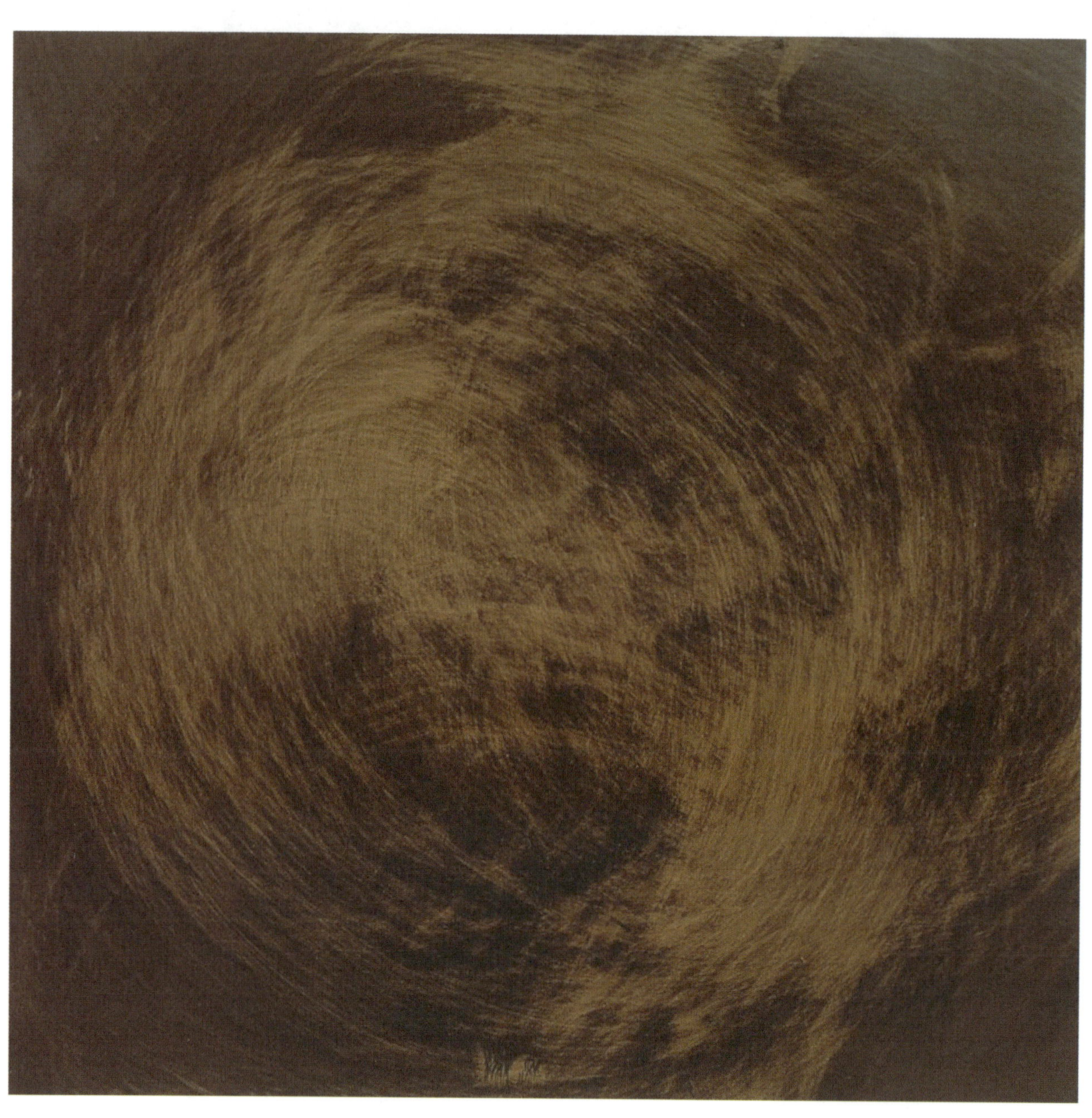

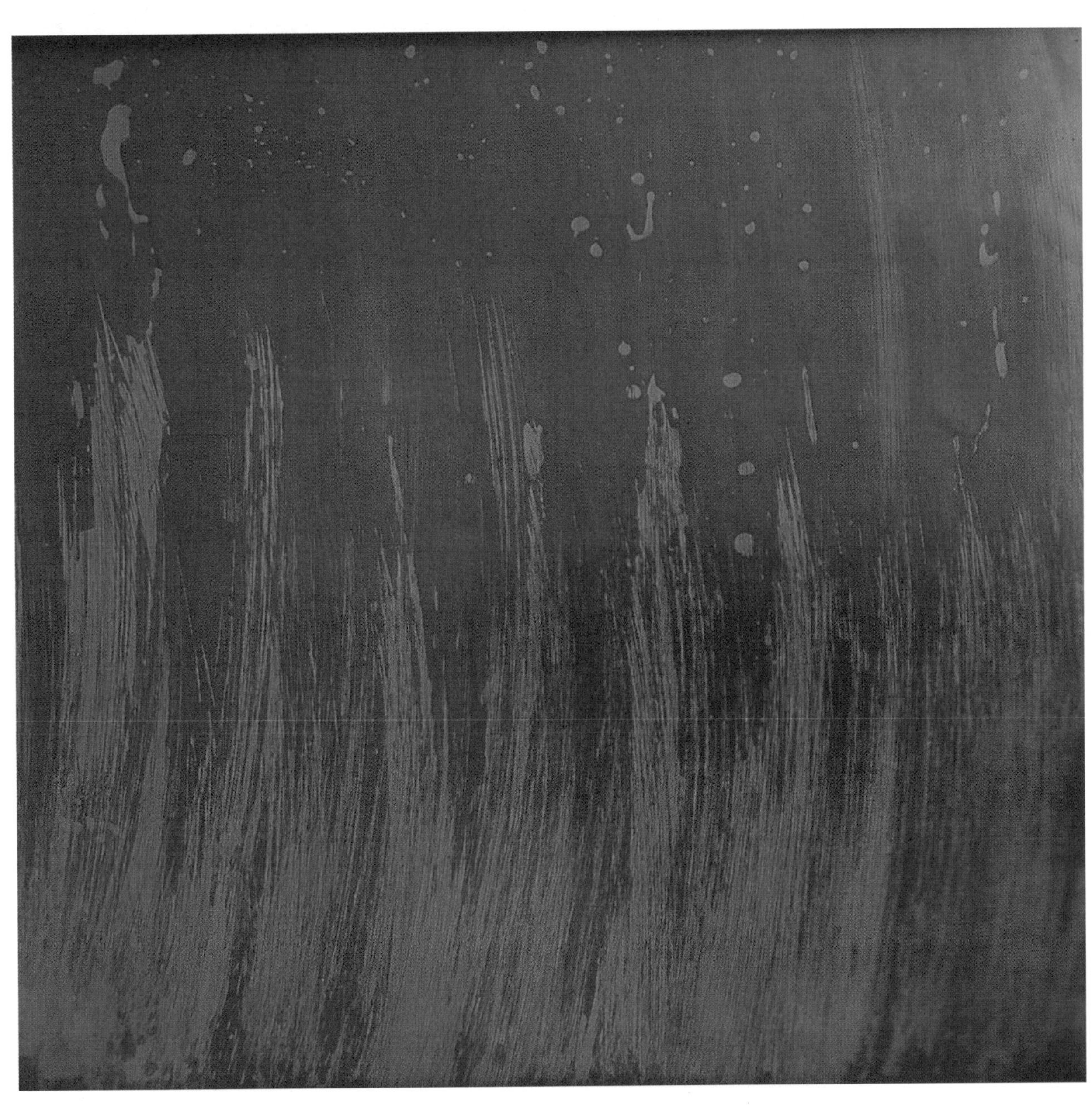

작품 부분

32.

이 작품의 기술 부분은, 1번 일자선 봉합과 4번 ㄷ자 봉합 기술에 해당한 작품.

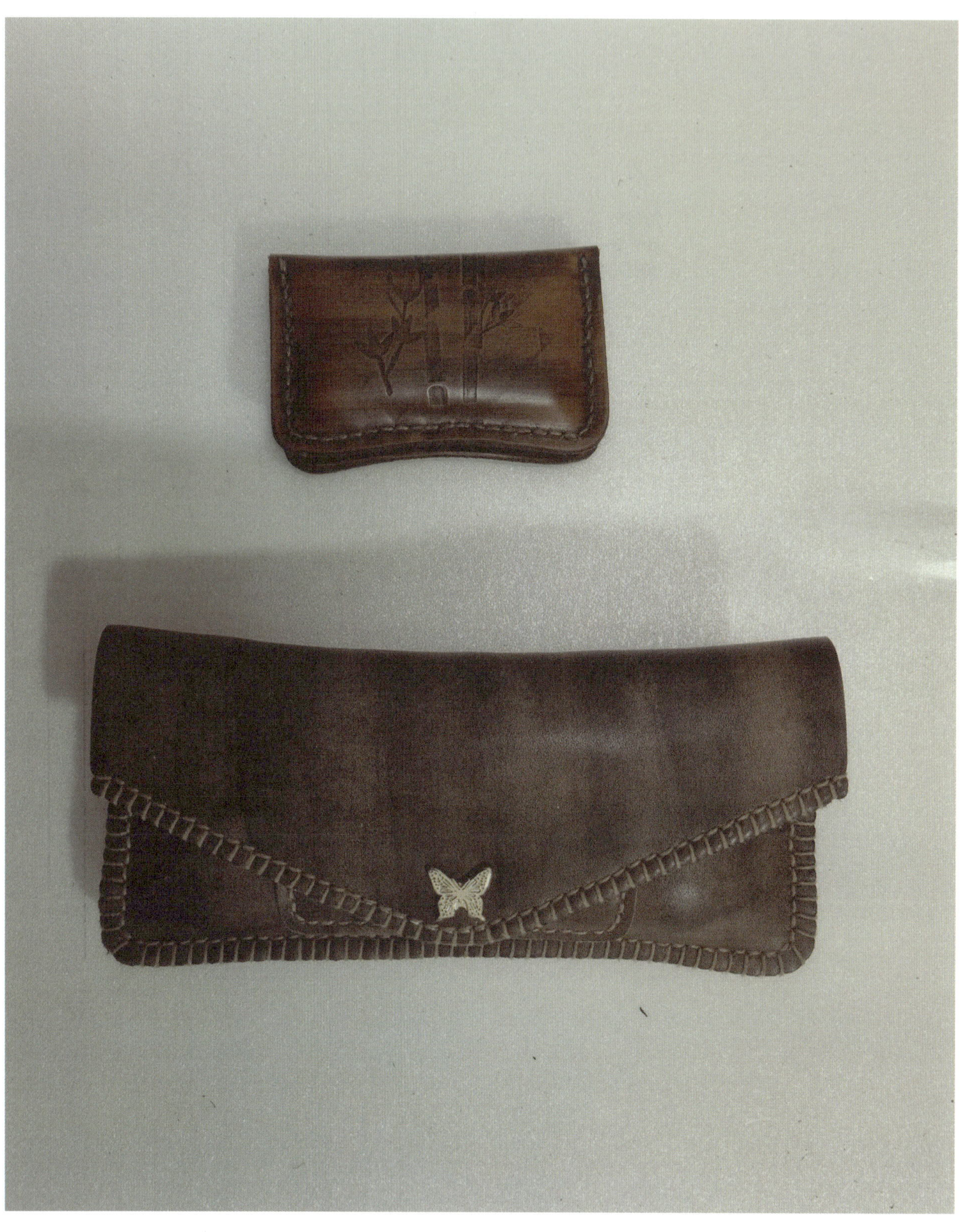

33.

이 작품은 ㄷ자 전형 작품으로, 기술 부분 4번과 27번 가죽 표면 두 가지 색상으로 문양까지 나타낸 작품.

34.

이 작품의 기술 부분은, 1번 일자선 봉합과 4번 ㄷ자 봉합으로 이루어진 것으로 끈 부분에도 4번 ㄷ자 봉합 기술을 응용한 작품.

35.

이 작품의 기술 부분은, 3번 감아치기 봉합과 11번 주름 치맛살 기술, 13번 삼단 끈 만들기 기술을 응용하였다.

그밖에 중간 둥근 부분은 원 내피 중간에 스펀지를 넣어서 볼륨을 주었다.

36.

이 작품의 기술 부분은, 9번 넘김이 봉합과 27번 두 가지 색상과 문양을 나타냈으며, 지퍼 부분은 23번 기술을 응용하였다. 넘김이에 싱끈을 넣어 봉합 시 가죽 터짐에 유의.

37.

이 작품은, 10번 접어 넘김이와 13번 삼단 끈 만들기를 응용한 작품이다.

접어 넘김이 간격을 정확하게 넘겨야 한다.

38.

이 작품은 10번 접어 넘김이와 13번 삼단 끈 만들기, 19번 이중 끈 고리 만들기를 사용했으며 27번 기술도 응용하였다.

이 작품은 이중 색을 낼 때 표현을 잘해야 한다.

39.

이 작품은 9번 넘김이 봉합과 10번 접어 넘김이 16번 두 줄 봉합 끈 만들기 기술을 응용하였다.

이 작품은 기술의 조합을 잘 이루어야 하고 가죽의 조합도 유의해야 한다.

40.

이 작품은 전체 접음질 작업한 작품으로, 18번 기본 끈 만들기와 접음질 기술을 응용하였다. 그리고 16번 두 줄 끈 만들기를 적용하였다.

옆면 볼륨에 주의하며 작업 필요.

41.

전면과 손잡이까지, 10번 접어 넘김이와 가죽 전체를 염색 작업한 것으로써 독특한 가죽 색상이 나타
난 작품이다.
손잡이 접어 넘김이 작업 시 터짐에 유의.

42

이 작품은 접음질과 10번 접어 넘김이 지퍼 부분, 9번 넘김이 봉합을 지퍼 부분에 적용하였으며 11번 주름 치맛살 모형으로 장식한 작품으로 주의할 부분은 원판 중심과 옆 판 중심을 유의해야 함.

세모형 작품으로 디자인이 독특하며 9번 넘김이 봉합으로 전체를 작업한 작품이다. 가죽을 둥글게 감은 장식이 특징으로 넘김이 작업 시 곡선 부분에 유의해야 한다.

44.

5mm~8mm 정도의 둥근 끈에 가죽을 0.6mm 두께로 만든 가죽으로 둥근 끈을 감싸 싱으로 만들어 원피와 내피 사이에 부착 후 봉합한 것이다. 기술 부분 15번과 1번 부분을 적용한 작품으로 원판 옆판 중심을 잘 맞추어야 한다.

45.

일자선 봉합과 두 가지 색상으로 표현한 작품으로, 기술 부분 9번 항목 넘김이와 21번 항목 뒤돌려치기 봉합 방법과 27번 항목 두 가지 색상을 표현한 작품.

46.

원판 이음, 끈 작품으로, 20번 기술로 원판에 넣어 1번 일자선 봉합한 후 9번 넘김이와 10번 주름 치맛
살 모형으로 마무리한 작품.

47.

원판 전면에 볼록한 모형이 드러나게 한 작품으로, 9번 넘김이와 13번 삼단 끈으로 작업하여 원피와 내피 사이에 각종 모양 스펀지를 부착 후 보강천으로 마무리하고 원내피를 부착 후 스펀지 부착모형의 모서리 부분을 간단히 일자 칼 나 문 부분으로 밀면서 누르면 된다.

48. V선 봉합 작품

2번 가죽 단면 V선을 전체 봉합한 작품으로 1번 일자선 봉합과 끈으로 이루어진 단순하면서도 캐주얼한 작품.

V선 봉합 시 간격을 유의하여 작업하여야 함.

49. 기본 접접이 방법 응용 작업

중간콤비 일자 가죽을 22번 접접이 방법으로 원판 작업한 것으로써 접음질과 9번 넘김이 작업한 것으로 콤비 디자인에 유용한 작품.

중간콤비 가죽 부분을 좀 더 넓게 해야 하는 아쉬움과 다른 색 한 줄을 더 해야 하는 아쉬움이 남은 작품.

50. X선 한 땀 건너 끈 봉합한 작품

5번 X선 한 땀 건너띄우기 봉합과 10번 접어 넘김을 넓게 한 작품으로 끈 부분을 독특하게 만든 디자인 펀치 작업의 간격 유의.

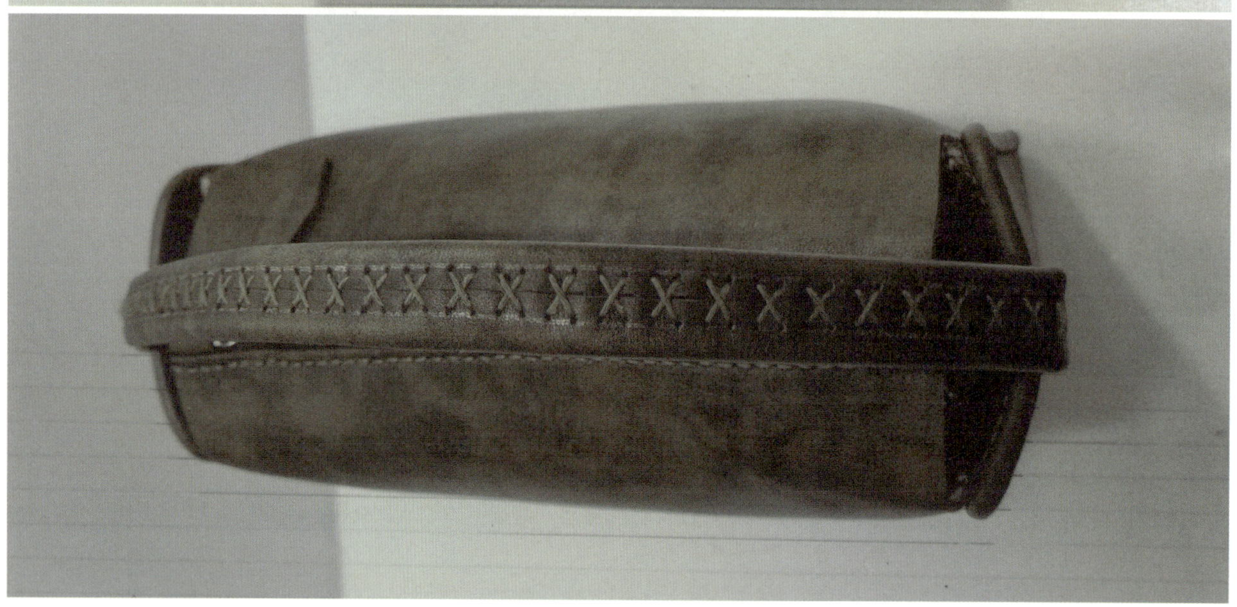

51. 작품에 자신의 상표 문양을 넣어 만든 작품

21번 자신의 약자로 상표를 만들고 앞판 뒤판 사이에 둥근 끈을 넣은 독특한 작품. 11번 주름 치맛살 문형도 장식과 10번 일자선 봉합과 13번 삼단 끈으로 마무리한 작품.

52. 기본 본 디자인 작품

29번 기본 본 만들기 재단하고 가죽 단면에 1번 일자 봉합 또는 4번 ㄷ자 봉합하여 만든 작품으로 18번 항목 끈 고리 만들기도 작업하였다. 주의 사항은 ㄷ자 봉합 시 봉합실 당김과 간격을 잘 맞추어야 한다.

앞면

53. 기본 핸드백 본 작품 만들기

30번 항목 기본 핸드백으로서 10번 접어 넘김이 기술을 적용했으며 앞단, 뒷판, 옆판과 중심을 잡고 구멍 숫자가 정확히 맞아야 한다. 대칭의 원리를 생각하면 된다.

이 작품에서 유의할 부분은, 10mm 가죽끈을 작업한다면 일자 펀치는 12mm 정도로 펀치해야 하며 펀치 숫자와 간격을 유의해야 한다. 처음 가죽 뒷면에서 나와서 마지막엔 뒷면으로 들어가야 한다. 이 작품은 가로세로 이중 가죽을 작업한 것으로 사진보다 실물이 더욱 아름답다.
26번 참조.

55.

이 작품은 3단 끈 끼우기 작품이다.

26번 기술 부분으로 가로세로 끈을 끼운 다음 가로든 세로든 한 번 더 끈을 끼우는 것으로써 두 번째, 세 번째 끼우기부터는 처음과 시작의 접착제 작업을 끈 속으로 해야 한다. 작품은 상당히 아름답다.

이 작품은 해학적으로 사람의 모습을 표현한 것으로서, 24번 기술 부분으로 도입하면 되며, 10번 접어 넘김이를 하였으며 18번 끈 고리를 적용했다.

예술성으로 표현하려고 하였다.

57.

이 작품은 또 다른 표현을 원판에 표현하려고 했으며 원판 가죽의 얇은 가죽을 내피에도 붙여서 홉모양 펀치 후 위로 당겨서 윗부분에 봉합하고 마무리한 작품이다. 단면은 9번 넘김이를 적용하였다.

주의 사항은 원 내피가 얇은 가죽이어야 하며 내피 부착 전에 원피의 작업을 마무리한 후에 원 내피 부착하여 작업해야 한다.

58.

이 작품은 여러 색상을 조화롭게 이룬 아름다운 작품으로, 22번 기술 항목으로 여러 색상 가죽의 조화가 이루어져 정확성이 필요하고 접접이 펀치 폭은 5mm 정도로 봉합하여 색상의 배열을 조화롭게 해야 한다.

참 아름다운 작품.

59.

이 작품은 좁은 끈과 원판을 넓게 재단한 것에 일자 봉합 후 좁은 스펀지를 넣어 연결한 것으로 세심한 작업을 해야 아름다운 작품이 된다.

24번 이음 사이 블록형 기술을 적용하면 된다.

이 작품은 상당한 인내가 필요하다. 9번 넘김이와 끈 부분 4번 ㄷ자 봉합을 적용했다.

60.

이 작품은 접음선 간격을 정확하게 하고 접음선 속의 덧붙이 부분을 15mm~ 20mm 정도로 넓게 해야 한다. 봉합선이 없는 만큼 강력 접착제를 사용하는 것이 좋다. 이 작품은 많은 연습이 필요하며 상당한 기술과 정확성이 요구된다.

61.

이 작품의 중점은 중앙으로 갈수록 좁아지는 형태의 접음질 작업으로 이어지는 덧붙임은 15mm 정도가 필요하며 간격 유지를 잘해야 한다.

X선 봉합 시 간격 유지가 필요하며 만들기가 어려운 작품이다.

이 작품은 모든 가죽을 응용하면 예술 작품이 될 수 있다는 것을 표현한 작품이다. 가죽 공예도 미술화
할 수 있다는 걸 잊어선 안 될 것이다.

63.

이 작품은 두 가지 색상을 나타낼 수 있는 가죽 표면에 두 가지 색상을 뿌리듯이 추상적으로 표현한 작품.
가죽 공예의 미술화로 가는 길을 말해 주는 표본적인 가죽 공예 예술 작품이다.

64.

가죽 공예에 임하는 모든 분이 제품에서 작품으로, 작품에서 명품으로, 명품에서 예술품으로. 다양한 예술적인 표현으로 모든 분들이 예술가가 되시길 바라며, 가죽 공예의 길을 제시하여 본다.

가죽 공예를 예술로 답해라

ⓒ 이장노, 2026

초판 1쇄 발행 2026년 2월 20일

지은이   이장노
펴낸이   이기봉
편집   좋은땅 편집팀
펴낸곳   도서출판 좋은땅
주소   서울특별시 마포구 양화로12길 26 지월드빌딩 (서교동 395-7)
전화   02)374-8616~7
팩스   02)374-8614
이메일   gworldbook@naver.com
홈페이지   www.g-world.co.kr

ISBN   979-11-388-5424-5 (03630)